# Kurt Tepperwein

# OPTIMISTEN

## *lachen*

# LÄNGER

## 100 % LEBENSFREUDE

|||||||||||||||||||||||||||||||||| SILBERSCHNUR ❦ VERLAG

Copyright © 2023 Verlag »Die Silberschnur« GmbH

ISBN: 978-3-96933-076-0

1. Auflage 2024

Umschlaggestaltung & Satz: XPresentation, Güllesheim; unter Verwendung eines Motivs von © Plasteed, shutterstock.com
Druck: Finidr, s.r.o. Cesky Tesin

Verlag »Die Silberschnur« GmbH · Steinstr. 1 · 56593 Güllesheim
www.silberschnur.de · E-Mail: info@silberschnur.de

# INHALT

# HEILUNG

Heilung – ein machtvolles Wort, das fasziniert, beeindruckt, aber auch verunsichert oder sogar belächelt wird. Die Bedeutung dieses Ausdrucks ist wie alle Begriffe von unseren Vorstellungen, Erfahrungen und unserem Wissen abhängig, wie sonst ist es möglich, dass er von jedem anders interpretiert und verstanden wird? Die Mehrzahl der Menschheit verknüpft das Wort Heilung mit körperlicher Genesung oder Wundern. Wenn ein schwer kranker Mensch wider Erwarten gesundet, wird das als Wunder abgetan. Etwas Wundersames ist geschehen, doch wirklich daran glauben will man nicht. Man ist skeptisch, zweifelt – und überhaupt! Man kann sich nicht vorstellen, wie so etwas möglich sein kann. Sind Dinge nicht zu begreifen und werden nicht verstanden, werden wir misstrauisch. Es gibt keinen Grund für Verunsicherung, nur weil wir Vorkommnisse mit unserem begrenzten Denken nicht erfassen können. Es geschehen so viele Dinge zwischen Himmel und Erde, die sich nicht erklären lassen. Warum also soll es nicht auch das Unvorstellbare geben? Warum zweifeln wir? Wieso beschränken wir uns? Weshalb schenken wir dem, was im Leben geschieht, nicht einfach unser Vertrauen? Der Mensch scheint sich in Beschränktheit und Begrenzung rundum wohlzufühlen, warum sonst sollte er die Tür in seinem Lebenskäfig ignorieren, die weit offen steht? Wohlwollen dem Leben mit all seinen Eigenarten und Spezies gegenüber ist eine Tugend, die wir nicht aus den Augen verlieren sollten.

*Wunder sind etwas ganz Natürliches. Es sind Geschehnisse, die wir als Wunder bezeichnen, weil wir sie uns nicht vorstellen können.*

Wir sind in der Regel so geartet, dass wir alles hinterfragen oder gar ablehnen, was wir nicht begreifen. Nur weil wir glauben, dass etwas nicht möglich ist, bedeutet das noch lange nicht, dass wir recht haben. Wunder als Hirngespinste abzutun, zu belächeln oder infrage zu stellen, ist eine Schwäche der menschlichen Gattung. Es ist gut, Dinge zu hinterfragen, doch Zweifel stehen für mangelndes Vertrauen. Ist es nicht auch ein Wunder, dass jeden Tag aufs Neue die Sonne aufgeht, dass wir jeden Morgen aufwachen und ohne unser Zutun atmen, Dinge bewerkstelligen und uns austauschen können? Ja, das ist es, aber für uns ist es zur Selbstverständlichkeit geworden. Würden wir täglich Zeuge von Spontanheilungen sein, wäre das vollkommen normal. Es wäre selbstverständlich und wir würden das Wort Wunder erst gar nicht in den Mund nehmen.

Ob etwas als Wunder gilt oder nicht, ist also von unserer Sichtweise und Offenheit abhängig. Jede Geburt ist ein Wunder. Es lässt sich nicht wirklich erklären, dass ein Baby, das aus dem Mutterleib kommt, so aussieht, wie es ist. Es ist alles dran und es funktioniert in der Regel tadellos, was man mit dem ersten Schrei bestätigt bekommt. Man kann in allem und überall kleine Wunder entdecken, wenn man sich bewusst ist, dass sie etwas ganz Natürliches sind und keineswegs außergewöhnlich. Sie sind Teil unseres Lebens und werden vermehrt auftreten, wenn wir sie zulassen.

*Wunder sind nichts Spezielles. Sie geschehen, indem man sie zulässt und erkennt.*

Ich erinnere mich an die Geschichte einer Frau, die in der Talk-Sendung *Nachtcafé* zu Gast war. Nachdem sie an

Krebs erkrankte, musste sie einige Operationen über sich ergehen lassen. Es folgten mehrere Chemotherapien, das volle Programm an Behandlungen. Die Frau ließ ein ziemlich straffes Prozedere über sich ergehen und ging in dieser Zeit so oft sie konnte in die Natur. Dort entwickelte sie ein unglaubliches Vertrauen und schöpfte Kraft. Während des ganzen Behandlungszeitraumes verspürte sie keine Übelkeit, hatte mit keinerlei Nebenwirkungen zu kämpfen und verlor auch keine Haare. Ist das ein Wunder? Wenn wir zweifeln, nicht glauben und uns zu sehr von negativen Erinnerungen und Erlebnissen anderer beeinflussen lassen, verhindern wir das, was wir als unmöglich erachten.

*Wer vertraut, sich nach innen wendet und die Natur als Teil seines Selbst entdeckt, überschreitet seinen engen Horizont und setzt Möglichkeiten frei, die uns allen zur Verfügung stehen.*

Es ging durch alle Medien: Eine amerikanische Profitänzerin wird plötzlich so schwer krank, dass sie sich nicht mehr bewegen kann. Ein Jahr lang verbringt sie im Bett. Die Ärzte prophezeien ihr keine Gesundungschancen. Sie würde mit ihren schwerwiegenden Einschränkungen weiterleben müssen. Die Frau gab nicht auf und kämpfte sich nicht nur ins Leben zurück, sondern auch wieder aufs

Parkett. Heute ist sie wieder als erfolgreiche Turniertän-
zerin im Einsatz, gesünder und schöner als jemals zuvor
und keiner hatte das zu hoffen gewagt. Unglaubliches
wurde wahr. Wie kann es so etwas geben? Gibt es eine
Kraft in uns, die das ermöglicht, und wenn ja, wie aktivieren
wir sie? Nicht aufzugeben und an sich selbst zu glauben,
ist eine Grundeinstellung, die jeder Mensch in sich trägt.
Was tun, wenn ein Schatz unter der Erde liegt? Graben!
Was tun, wenn unser Naturell verschüttet ist? Graben! In
seine eigenen Tiefen abzutauchen, das Ufer und die Wellen
hinter sich zu lassen und ganz in seine Seelenwelt einzu-
tauchen, ist wohl das Hilfreichste, was der Mensch tun
kann. Nur wer den Mut hat, sich selbst zu entdecken, wird
sich dieser Aufgabe aufrecht und mutig stellen.

*Wir sollten das Leben nicht infrage stellen, sondern uns
lieber dem Leben stellen und besonders in schwierigen Situationen die Liebe entdecken, die zu allem fähig ist.*

Lebensgeschichten mit unglaublichem Ausgang und Ver-
lauf gibt es zuhauf, spreche ich von Heilung, meine ich
aber nicht die Wiederherstellung körperlicher Gebrechen.
Heilung bedeutet für mich etwas anderes. Man heilt sich
selbst, indem man einen Zugang zu seinem Inneren schafft
und sich nach und nach selbst entdeckt. Es gilt, den Trug-
bildern und Missverständnissen, die wir erschaffen, auf

die Schliche zu kommen. Sie haben sich über Jahre hinweg angesammelt und sind hartnäckig und zäh. Jeder kann sich mithilfe dementsprechender Gedanken, Gefühle, Worte und Taten, durch Glaubenssätze, durch seine Verhaltensweisen sowie der gesunden Einstellung zum Leben selbst heilen. Unser ganzes Sosein entscheidet darüber, wie unser Leben verläuft. Wir gestalten es. Wir haben es in der Hand, glücklich oder traurig zu sein. Bist du traurig? Dann entscheide dich, voller Freude zu sein. Du hast die Wahl!

*Wenn dir etwas arg zusetzt, dich etwas belastet oder bedrückt, vergiss nicht, dass du die Gedanken daran jederzeit sein lassen kannst.*

Auch wenn wir nicht entscheiden können, ob wir in einem gesunden Körper leben oder nicht, so tragen wir unbewusst doch etwas zu unserem Wohlbefinden bei. Ob gesund oder krank, ob arm oder reich, komplizierte oder günstige Lebensumstände – Wohlbefinden ist jederzeit möglich.

*Jeder Mensch möchte glücklich und gesund sein. Doch was spielt es für eine Rolle, was der Körper gerade durchlebt, wenn man realisiert, dass man viel mehr als dieser eine Körper ist?*

# Was bedeutet Heilung für mich?

# GEDANKEN

Bist du im Einklang mit deinen Gedanken? Warum spricht man eigentlich immer von *seinen* Gedanken. Ich habe mir Gedanken über dies und jenes gemacht ...
Meine Gedanken gestalteten sich wie folgt: ...
Ich habe mir das so vorgestellt: ...
Mein Nachdenken hat mich zu folgendem Entschluss gebracht: ...
Sind Gedanken unser persönliches Gut? Niemand außer uns kennt sie. Sie sind still und leise und doch hören wir sie. Wenn uns Gedanken gehören, müssten sie ja eigentlich von Bestand sein. Sie kommen und gehen, somit können sie weder unser Besitz noch unser Eigentum sein. Und wenn sie kommen und gehen, was haben sie dann mit uns zu tun? Scheinbar viel, wenn wir uns mit ihnen beschäftigen.

Scheinbar nichts, wenn wir sie liegen lassen. Aber was davon ist richtig? Kaum jemand stellt sich die Frage, wie wir Gedanken überhaupt wahrnehmen. Wir können sie nicht sehen und nicht fühlen, und auch wenn Gedanken mit Gefühlen gekoppelt sind, lässt sich ihre Herkunft weder erklären noch begreifen.

*Gedanken entstehen nicht im Kopf, sie werden aus einer Quelle gespeist, die dem Körper Leben überhaupt erst ermöglicht.*

Denken geschieht über das Gehirn, aber wie können Gedanken überhaupt entstehen? Hinter diesen Fragen versteckt sich die Wahrheit. Ist es nicht sinnvoll, diesen auf den Grund zu gehen? Wir machen uns über so viele Dinge Gedanken und sind uns nicht bewusst, welche Auswirkungen das hat.

Sicher haben wir schon alle irgendwo gehört oder gelesen, dass Gedanken Ursachen sind, denen eine Wirkung folgt. Dennoch scheinen wir das nicht wirklich verstanden, geschweige denn realisiert zu haben. Würden wir nicht versuchen, unsere Gedanken im Zaum zu halten und darauf zu achten, dass sie anders geartet sind? Wir würden von bösartigen Gedanken Abstand nehmen und sie gegen liebevolle eintauschen. Denn Bösartiges bringt Bösartiges und Liebevolles Liebevolles hervor.

Wir würden uns schämen, wenn andere unsere Gedanken lesen könnten. Haben wir uns schon mal die Frage gestellt, wie viele Gedanken den ganzen Tag über überflüssig sind? Wie viele sind gut, wie viele notwendig, wie viele überflüssig? Das meiste, das wir tun, tun wir automatisch und meist unbewusst, also ohne darüber nachzudenken, wie wir es machen oder ob wir es überhaupt tun können. Ein gutes Beispiel dafür ist das Autofahren. Wir überlegen nicht, was wir tun müssen, wenn wir uns ans Lenkrad setzen, wir fahren einfach los. Gedanken an sich sind etwas Wunderbares. Sie helfen uns im Leben zurechtzukommen und dienen der grundlegenden Orientierung. Doch neben herkömmlichen Gedanken gibt es diese Fallgruben, die sich Nachdenken nennen. Sind wir einmal hineingefallen, finden wir nur schwer wieder heraus. Das hat jeder schon einmal erlebt, aus diesem Grund muss das hier daher nicht weiter erläutert werden.

*Wir müssen dem Geheimnis, durch weises Denken ein harmonisches Leben zu erfahren, auf die Schliche kommen.*

Es entschleiert sich allerdings nicht durch einen Ratschlag oder eine Übung, wir müssen es in uns selbst erkennen. So macht es durchaus Sinn, sich mit sich selbst und mit der Beschaffenheit und den Funktionalitäten von Denken und Fühlen auseinanderzusetzen. Oder nicht?

Anstatt sich wahllos Filme oder Serien einzuverleiben, könnten wir uns der Selbsterforschung widmen. Das klingt nicht ganz so spannend, aber wir können uns dem Geheimnis nur durch disziplinierte Neugier und Offenheit nähern. So werden wir mit Einsichten beschenkt, die unserer Bewusstwerdung zugutekommen. Je bewusster wir werden, umso transparenter wird das Geheimnis in Erscheinung treten – bis bin zur vollkommenen Entschleierung. Auch wenn wir davon profitieren, uns selbst zu ergründen, möchte ich das nicht als Profit bezeichnen. Was gibt es Sinnvolleres und Schöneres, als sich um sein eigenes Werden zu kümmern? Wir sind hauptsächlich damit beschäftigt, uns mit unserem persönlichen Werden zu beschäftigen. Wir schauen darauf, dass etwas aus uns wird, dass das Bankkonto aufgefüllt wird, dass aus unseren Wünschen etwas wird etc. Das liegt in unserer menschlichen Natur und ich sage auch nicht, dass wir das nicht tun sollten.

*Wenn wir uns aber nur um äußere und persönliche Belange kümmern, vergessen wir unser Inneres und es verkümmert im Zuge dessen. Wenn wir uns aber um unser Inneres kümmern, dann gedeihen all diese anderen Dinge ganz von selbst. Dessen müssen wir uns bewusst sein.*

Das Wichtigste ist das Seelenwohl und diese Tatsache sollten wir uns jeden Tag mindestens einmal in Erinnerung rufen.

Badet die Seele in Wohlgefallen, dann verläuft das Leben harmonisch, fühlt sich die Seele vernachlässigt, geht alles drunter und drüber. Das Leben läuft auf eigenen Rudern und dann geben wir anderen, den Umständen oder dem sogenannten Schicksal die Schuld. Wenn uns der Zugang zur Seele fehlt, werden wir depressiv und antriebslos. Es fehlt an Energie und Leistungsfähigkeit. Wir können im Inneren verankert sein und so im Außen ein Leben voller Harmonie und Zufriedenheit erfahren. Wer keinen Anker hat, der wird mitgerissen vom Strom des Lebens, der hat keine Richtung, kein Ziel und keinen Halt. Das Ziel und der Halt, den er zu haben glaubt, existieren nur scheinbar, da sie der Vergänglichkeit obliegen. Der innere Anker besteht ewig, er ist unvergänglich und lässt sich von allen Illusionen nicht beirren. Mach dir keine Gedanken über dein Leben, sondern lebe es. Sei echt und authentisch, klar und bestimmt und verliere nie das Ziel aus den Augen, den wahren Anker in dir aufzuspüren.

Warum sorgen wir uns über Gedanken, wo wir gar nicht wissen, was Gedanken eigentlich sind? Wir kennen weder ihre Herkunft noch wissen wir, was es mit ihnen auf sich hat. Und doch sind wir den ganzen Tag über mit ihnen beschäftigt. Das Interessante daran: Wir denken so viel, dass wir uns der andauernden Gedankenflut gar nicht bewusst sind. Viele Menschen beklagen sich, dass es im Kopf nie still wird. Dass sie der Lärm nicht einschlafen und sie nicht zur Ruhe kommen lässt. Das geht vielen so. Das Einzige, das hilft: überflüssigen Gedanken keine Aufmerksamkeit zu schenken. Es stellt sich nur die Frage, welche Gedanken wichtig, welche brauchbar und welche überflüssig sind? Bevor wir uns diese Frage stellen, muss uns überhaupt erst bewusst werden, dass wir andauernd im Gedankenstrom baden. Nehmen wir an, etwas beschäftigt dich. Du hast ein Problem. Unaufhörlich kreisen Gedanken um die Sache und jemand sagt zu dir, dass du es einfach sein lassen sollst. Sind wir uns unserer Gedanken bewusst, ist das einfacher, als wenn wir in der Gewohnheit des Denkens aufgehen. Doch Gedanken lassen sich nicht einfach so abschütteln. Solange uns nicht bewusst ist, was es mit ihnen auf sich hat, wo sie entstehen und was sie bewirken, tappen wir im Dunkeln. Sei mutig und schalte das Licht an, damit du sehen kannst, was den Ursprung all deiner Probleme bildet.

*Denke wenig, und wenn du viel denkst, dann Gutes. Vergeude keine Lebenszeit an Gedanken, die dich belasten. Das ist der Schlüssel zum Glück.*

- Nehmen wir als Beispiel Folgendes an: Dich belastet deine Arbeit. Plötzlich kommt ein Gedanke hoch und du beschäftigst dich damit, was dich am Arbeitsplatz stört. Würdest du den Anflug des Gedankens sofort erkennen können, müsstest du ja nicht weiterdenken. Du könntest ihn vorbeiziehen lassen, wie ein Vogel oder Wolken es tun. Du würdest nachfolgende Gedanken ignorieren, bis es still geworden ist. Nach dem ersten Gedanken kannst du nicht sagen: »So, ich denke nicht mehr weiter«, weil dir, wenn überhaupt, erst nach 10 Minuten oder einer halben Stunde auffällt, dass du dich schon wieder in diesem belastenden Gedankenkarussell verfangen hast. Was also können wir tun? Der erste Schritt ist es, Gedanken bewusst zu beobachten. Du musst sie weder bekämpfen noch wegschicken, es reicht, sie einfach nur wahrzunehmen. So verschaffst du dir einen Überblick und dir wird bewusst, was in deinem Kopf eigentlich abgeht.

- Nachdem du Gedanken tage- oder wochenlang einfach nur wahrgenommen hast, kannst du dich an den zweiten Schritt heranwagen: Du beginnst damit, den Gedankenfluss so schnell wie möglich zu unterbrechen. Das wird dir nach dem ersten zermürbenden Gedanken nicht auf Anhieb gelingen. Vielleicht beim zweiten, beim dritten oder fünften. Führe auch das eine Zeit lang aus, indem du deine Gedanken gezielt woandershin lenkst. Denk an etwas Schönes, etwas, das so viel Platz in deinem Herzen einnimmt, um die Kopflast vom Thron zu stoßen.

● Nun haben wir Gedanken wahrgenommen und sie anschließend in ihre Schranken verwiesen. Im nächsten Zyklus geht es ums Beobachten. Nimm die Gedanken wahr und beobachte sie dann. Versuche sie nicht abzuschütteln, sondern beobachte sie so lange, bis sie ihre Faszination verlieren. Irgendwie sind wir von Gedanken fasziniert, sonst würden wir uns ja nicht andauernd mit ihnen beschäftigen. Wir werden von ihnen eingenommen und es ist zur Gewohnheit geworden, jeden Gedanken ziellos zu verfolgen. Da wir es nicht anders kennen und es immer schon so gemacht haben, glauben wir, dass das normal ist. Es mag uns geläufig sein, aber normal ist es bestimmt nicht, denn negative Gedanken ziehen uns runter, beeinträchtigen unsere Psyche und erzeugen Lebensumstände, die wir ablehnen und am liebsten meiden würden. Wir würden kaum so viel Zeit mit Hirngespinsten vergeuden, wenn wir uns ihrer Auswirkungen bewusst wären.

*Hinter jedem Erlebnis und jeder Situation steckt ein Gedanke. Er ist der Ursprung, der sich sichtbar nach außen verlagert.*

Beobachten bedeutet nicht zu agieren und zu reagieren. Der stille Beobachter nimmt die Dinge wahr, die ihn umgeben und sich ihm nähern. Dazu gehört auch, sich emotional nicht beeindrucken zu lassen. Gefühle, die hochkommen, beobachten wir ebenfalls. Wir betrachten alles aus einer gewissen Distanz, tun so, als ob das alles mit uns nichts zu tun hätte. Das ist auch nicht der Fall, solange wir uns nicht darauf einlassen. Dass ein Gedanke hundert andere nach sich zieht, das wissen wir. Aber nur dann, wenn wir uns mit dem ersten auseinandersetzen. Herkömmliches Nachdenken ist nicht mit sorgenvollem Nachdenken zu vergleichen. Gedankengut, das uns emotional nicht runterzieht, ist wie ein Kompass und gehört zum Leben. Ohne Gedanken können wir nicht existieren. Wir sollten uns darum bemühen, sie sinnvoll einzusetzen. Gedanken sind nicht nur dazu da, um, wie wir glauben, Probleme zu lösen und das Leben zu meistern. Mit Gedanken können wir an Positives denken und dieses auch bewusst herbeiholen oder erzeugen. Mit ihnen können wir uns selbst erforschen und sie für etwas nutzen, was uns guttut und wirklich von Nutzen ist.

*Es geht nicht darum, Gedanken zu kontrollieren, sondern sie in andere Bahnen zu lenken und damit das Leben sowie Situationen und Beziehungen zu harmonisieren.*

Ich muss jedes Mal lachen, wenn jemand zu mir sagt, dass er eigentlich nicht viel denkt. Gedanken können menschliches Leben verdunkeln oder erhellen. Mit ihnen können wir Menschen erfreuen oder verletzen. Nicht so offensichtlich ist, dass sich jeder Gedanke unmittelbar auf das Leben auswirkt und das Leben selbst ein Spiegelbild unserer Gedanken ist. Wir kennen weder ihre Herkunft noch wissen wir, was es mit ihnen auf sich hat. Aber eines ist gewiss: Wir können sie auch sein lassen. Jeder auf seine Art und Weise.

Warum sorgen wir uns? Weißt du was Sorgen oder Gedanken eigentlich sind? Diese Frage hatte ich bereits zu Beginn des Kapitels gestellt. Bist du dieser Frage jetzt ein wenig näher gekommen oder konntest du sie sogar entschleiern?

**Ergründe, in welcher Situation du dich in Gedanken verlierst. Sei dir bewusst, dass deine Gedanken die eigentliche Problematik sind, das Problem würde es ohne deine Gedanken nicht geben. Lass dies auf dich wirken und halte deine Erkenntnisse fest:**

_____

_____

_____

_____

_____

# GEFÜHLE

Jedes Lebewesen empfindet Gefühle, alle sind fühlende Wesen. Tiermütter lieben ihre Kinder, Bäume sind miteinander vernetzt und empfinden genauso, wie alles, was lebt. Gefühle erlauben uns, menschlich zu sein und irgendwie haben wir diese Qualität aus den Augen verloren. Menschlichkeit bedeutet vor allem Respekt zu haben, allem Verständnis entgegenzubringen und fürsorglich zu sein. Tiere, Menschen, die Natur, Situationen und Gefühle, Gedanken und Ereignisse sind Teil des großen Ganzen und somit miteinander vernetzt. Nichts ist mehr oder weniger wert, nichts besser oder schlechter. Alles ist in dieser Welt und besitzt denselben Stellenwert. Wer dies anders empfindet, hat das große Ganze aus den Augen verloren und kann das Leben nicht in seiner Vielfalt und Schönheit erfassen.

*Wer etwas bevorzugt oder ablehnt, lebt in der Trennung und spaltet sich von der Liebe ab. Liebe ist in allem – und zwar ausnahmslos.*

Füreinander da zu sein, ist ein wichtiger Aspekt, denn kein Mensch kann alleine existieren. Wir sind immer auf andere angewiesen und leben in einem vernetzten System, wo alles Hand in Hand übergreift. Wenn dies nicht funktioniert, stirbt etwas ab und die Welt verliert an Kraft.

*Die Welt braucht liebevolle Menschen, die in ihrer Kraft stehen und die nicht nur Ja sagen zur Menschlichkeit, sondern sie auch leben.*

Wie wir bereits wissen, verändern Gedanken die Welt. Aber auch Gefühle haben einen Einfluss auf das, was geschieht und uns umgibt. Tiere halten Gefühle nicht zurück, Pflanzen ebenfalls nicht. Dass Pflanzen fühlen, entdeckt man, sobald man seine Emotionen lebt und ihnen auf die Schliche gekommen ist. Wer nur mit sich selbst beschäftigt ist, erkennt es vorerst nicht. Gefühlskälte und Ichbezogenheit scheinen ein menschliches Merkmal zu sein, aber wie kam es dazu? Die Welt ändert sich radikal und wir schreiten in rasantem Tempo voran. Wie sollen wir da noch hinterherkommen? Ich sehe diese Entwicklung nicht als Fortschritt, sondern eher als Rückwärtsbewegung an. Wir können viel leisten, aber auch wir stoßen an unsere Grenzen. In jungen Jahren bemerken wir das nicht. Erst im Alter müssen wir mit unseren Kräften haushalten und uns Ruhepausen gönnen, damit wir stabil, langfristig leistungsfähig und natürlich auch gesund bleiben. Wir erleben es. Alles muss besser, schneller und größer sein. Ist dieser Wahn nach Wachstum noch aufzuhalten? Vielleicht fragst du dich jetzt, was das mit unseren Gefühlen zu tun hat? Würden wir mehr auf sie achten, würden wir nicht auf jeden Trend aufspringen und jeden Hype, jede technische Erneuerung und Modernisierung in unser Leben lassen.

*Wenn wir die Erde zerstören, zerstören wir uns selbst, und weil wir uns zerstören, wird die Erde zerstört.*

Ist Intuition eigentlich auch ein Gefühl? Intuition ist ein Impuls, der uns spontan erreicht und nicht der Datenbank Kopf entspringt. Intuitive Menschen sind gefühlsbetonter, weil sie sich durch ihr Spüren einer Führung öffnen, die immer vorhanden ist. Diese Führung ist Weisheit und unser eigentliches Wesen. Wir können sie auch Liebe, Allnatur oder Gott nennen. Intuitiv zu sein und diesen Impulsen zu folgen, gibt ein gutes Lebensgefühl. Es ist, als ob das Leben uns eine Souffleuse bereitstellt, die uns zuflüstert, was zu tun ist. Sie scheint zu wissen, was uns guttut, was an der Reihe ist, was getan werden soll und was wir besser sein lassen sollten. In Bezug auf diesen letzten Punkt mahnt sie uns mit einem mulmigen Gefühl und hält uns davon ab, etwas zu tun, was nicht an der Reihe ist. Ich möchte keine Handlung und keine Entscheidung als falsch bezeichnen, denn schlussendlich sind alle Erfahrungen wertvoll, ganz gleich wie wir sie empfinden.

*Es geht also darum, Erfahrungen zu sammeln und sich vom Leben lenken zu lassen. Je mehr wir dem nachkommen, umso feinfühliger, friedfertiger und empfindsamer werden wir.*

Durch die Bewusstwerdung entwickelt sich ein Einfühlungsvermögen, das es uns erlaubt, auf andere zu vertrauen, offen auf sie zuzugehen und ihnen die Tür zu unserem Leben zu öffnen. Was ist ein Mensch, der als Einsiedler in den Bergen ganz alleine in einer Hütte sitzt und in die Weite blickt. Weise? Einsam? Verwirrt? Mag er noch so weise sein, wer seine Weisheit und Emotionen für sich behält und nicht fähig oder bereit ist, sie zu teilen und am gesellschaftlichen Leben teilzunehmen, hat etwas Grundsätzliches nicht verstanden. Es geht ums Teilen an sich. Gefühle zu teilen, ist etwas Wundervolles. Diese müssen nicht immer liebevoll sein. Andere an Wut, Aggressionen und Hilflosigkeit teilhaben zu lassen, ist ebenfalls wichtig. Alles, was wir rauslassen, muss raus und kann erst dann ausheilen, wenn wir dem

Ganzen Luft gemacht haben. Wir dürfen alle unsere Emotionen leben, ganz gleich, ob wir sie als unangenehm oder angenehm empfinden. Des Weiteren dürfen wir alle Emotionen lieben, denn sie dürsten danach.

*Wer sich ohne Vorbehalte so annimmt, wie er ist, ist wahrlich in sich angekommen.*

Wir dürsten nach guten Gefühlen und die schlechten wollen wir loswerden. Das ist durchaus verständlich. Wer fühlt sich denn schon gerne schlecht? Aber wir müssen lernen, uns mit jedem einzelnen Gefühl, das uns erreicht, auszusöhnen. Jedes hat dieselbe Berechtigung und jedem ist es gestattet, da zu sein. Vielleicht schaffst auch du es, die Widerstände gegen die Emotionen, die dich an dir selbst stören, abzulegen. Vielleicht plagt dich Eifersucht. Kein gutes Gefühl! Schau sie dir genau an, wenn sie das nächste Mal an deine Tür klopft. Wimmle sie nicht ab! Beobachte sie, aber beschäftige dich nicht mit ihr. Halte Abstand und bleib auf Distanz.

Ich habe mir angewöhnt, alle Gefühle zu beobachten. Ich stelle einfach fest, wie ich mich fühle. Aha, sage ich mir, jetzt ist Traurigkeit da. Warum sollte ich mich an ihr stören? Sie geht ja auch wieder weg. Seit ich mir bewusst bin und realisiert habe, dass alles vergänglich ist, habe ich kein Problem mehr mit emotionalen Schwankungen. Sie sind, wie sie sind. Sie gehören zu uns und es gibt keinen Grund, sie zu bekämpfen. Einmal kommt die Freude zu Besuch, dann die Angst. Manchmal bin ich überrascht oder fühle mich traurig und das muss nicht einmal einen Grund haben. Warum sollte ich ein Problem damit haben? Es ist wie mit dem Wetter, einmal scheint die Sonne, dann regnet es und dann bläst der Wind. Ich beschwere mich ja auch nicht über das Wetter, da es kein schlechtes Wetter gibt, aber auch kein gutes. Das Wetter ist immer so, wie es ist und so ist es auch mit den Gefühlen. Ich habe mir schon manchmal darüber Gedanken gemacht, warum Menschen sich über das Wetter ärgern oder kein anderes Thema haben, als darüber zu sprechen. Ich bin zu der Einsicht gekommen, dass nicht das Wetter die Ursache der Nörgelei darstellt, sondern eher die Langeweile. Außerdem fühlen sich viele Menschen unwohl, wenn Sprechpausen entstehen. Statt diese Pause auszuhalten und sich zu besinnen, sagen sie irgendetwas. Das Wetter scheint sehr beliebt zu sein, wenn es darum geht, unangenehme Lücken zu füllen. Diese Lücken betreffen vor allem den Selbstwert und die Selbstliebe. Gemeinsam still zu sein, ist eine Gabe.

*Gemeinsam zu schweigen, ohne sich dabei schlecht zu fühlen, ist eine Kunst.*

Es ist interessant zu beobachten, dass Gefühle meistens mit Gedanken gekoppelt sind. Dass ich mich nach einer Trennung traurig fühle, versteht sich von selbst. Etwas ist geschehen, was ich erst verarbeiten muss. Die Dinge, die geschehen, beeinflussen mich emotional. Da ich Ereignisse nicht steuern kann, bin ich nicht nur ihnen, sondern auch den dazugehörigen Gefühlen ausgeliefert. Doch dieses Ausgeliefert-Sein sollte verbannt werden. Sag Ja zur Hilflosigkeit. Es ist ganz wichtig, Ja zu allen Facetten des Lebens zu sagen. Ja zum Gewinn, ja zum neuen Partner, ja zum Beruf, ja zur Scheidung, ja zu den schlechten Noten, ja zu den lauten Nachbarn und ja zu mir selbst. Das ist keine Akzeptanz, sondern ein Einverstanden-Sein mit dem, was ohnehin nicht zu ändern ist. Es ist das, was das Leben dir in diesem Augenblick bietet. Wie soll es das Falsche sein? Natürlich kannst du nicht damit einverstanden sein, es ablehnen oder dich darüber aufregen, nur nutzt es nichts. Du schadest nur dir selbst. Es gibt im Leben keine schlechten Erfahrungen, nur solche, die du ablehnst. Jede Erfahrung ist Gold wert, auch wenn wir das nicht so sehen wollen. Das Leben bietet mir immer das Beste, auch wenn es auf Anhieb nicht so aussehen mag. Wir werden den ganzen Tag über mit Situationen, Aufgaben und Herausforderungen konfrontiert, die Gefühle auslösen. Das ist intensiv und kann ganz schön anstrengend werden. Diese unangenehmen Gefühle scheinen noch nicht auszureichen, wenn wir uns auch noch zusätzlich in Erinnerungen verlieren, die ebenfalls emotional belastet sind. Und das tun wir ständig! Sind wir uns dessen bewusst? Es ist nicht ratsam, in der Vergangenheit zu graben und sie immer wieder zu beleben. Ob wir uns an einen lieben Menschen erinnern oder uns immer noch darüber grämen, dass es mit der Erbschaft nicht geklappt hat, Fakt ist, wir entzünden mit jeder Erinnerung Gefühle. Und diese Gefühle lösen wiederum Gedanken aus. Und Gedanken formen, wie wir in der Zwischenzeit wissen, unser Leben. Sie sind dafür verantwortlich, ob es harmonisch oder weniger gut verläuft. So sollten wir nicht nur auf unsere Gedanken, sondern auch auf unsere Gefühle achten. Beobachte deine Gefühle und nimm sie einfach nur wahr. Erinnere dich an die Worte im letzten Kapitel bzw. daran, wie du Gedanken begegnen kannst. Gehe mit belastenden Gefühlen wie dort beschrieben um. Bewerte und kritisiere sie nicht. Versuche sie auch nicht zu analysieren oder loszuwerden. Beobachte sie. Lass sie einfach eine Zeit lang bei dir sein, bis sie sich zurückziehen.

*Mach Dinge, die sich gut anfühlen. Umgib dich mit Menschen, die dir guttun. Tu anderen und dir selbst Gutes.*

Gibt es Gefühle, die dir im Weg stehen, die dich belasten und ständig wiederkehren? Wenn das der Fall ist, dann wirf einen Blick auf die Situationen, erforsche, wo sie entstehen und überprüfe, warum du immer gleich reagierst. Wo liegt die Ursache für die Reaktion, warum willst du das Gefühl loswerden und was macht es mit dir?

# HANDELN

Wie soll sich mein Verhalten darstellen? Folge deinem Sein, worin die Antwort zu finden ist. So wie Gefühle das Leben beeinflussen, beeinflusst auch das, was wir tun, unseren Alltag. Jede Handlung sollte gut überlegt sein, doch ist das meist nicht der Fall. Oft handeln wir »kopfüber« anstatt durchdacht und intuitiv. Spontan zu handeln, bedeutet nicht unüberlegt und schnell zu reagieren. Meist tust du Dinge aus Gewohnheit, oder weil du denkst, dass du es so tun sollst, weil es von dir erwartet wird oder dass es sich deines Erachtens so gehört. Man kann jedoch nicht wissen, wie etwas getan werden soll. Wie sollten wir dann wissen, wie wir handeln sollen? Das Handeln folgt in der Regel einer Absicht, es hat also eine Ursache. Handeln verlangt aber nicht unbedingt nach Ursachen, die besten Früchte können dann geerntet werden, wenn es aus sich heraus ganz natürlich geschieht. Das Ego verhindert dies, weil es dich mithilfe verschiedener Mechanismen davon abhält. Das Ganze hat auch etwas mit Achtsamkeit zu tun. Wir alle kennen diese Momente, wenn uns plötzlich etwas in den Sinn kommt. Setzen wir es nicht sofort um, gerät es in Vergessenheit. Ein kurzes Aufflammen, ein feiner Impuls, der uns einen Hinweis gibt. Da ist sie wieder, die Souffleuse, die einen guten Draht zum lieben Gott haben muss. Unser Innenleben hat eine Stimme, die wir nicht mit den Ohren hören können. Es ist wie mit den Gedanken, nur sind die penetranter. Die feine Stimme kannst du in dir wahrnehmen, wenn du ruhiger und zugänglich wirst. Öffne dich dem Leben! Wer mit zu viel Druck und stets bewegt durchs Leben geht, kann diese innere Stimme nicht vernehmen. Sie ist aber nie weg, sie kann bloß überhört werden.

Überstürztes Handeln bringt keine guten Früchte hervor, berechnendes ebenfalls nicht. Wer sich selbst heilen will, dessen Handlungen sollten heilsam sein. Sie sollten aus guter Absicht heraus geschehen, Großes hervorbringen, andere Menschen bereichern, ihnen helfen und einfach guttun. Wenn jede Tat im Einklang mit dem Herzen geschieht, wird sich nicht nur dein Leben, sondern auch die Welt verändern. Überflüssige Handlungen sind genauso wenig heilsam wie die, die anderen schaden.

Hier geht es nicht nur um das, was wir bewusst tun, sondern auch um unbewusstes Tun. Wir kritisieren andere, essen Lebewesen auf, gehen verschwenderisch mit Ressourcen um, verkneifen uns nette Worte, untergraben die Menschlichkeit, gehen mit Kopfhörern durch die Natur ... dieses unbedachte Sein hat Folgen!

*Jede Handlung ist eine Ursache, der eine Wirkung folgt. Somit erleben wir ständig Rückwirkungen und betiteln sie als Probleme.*

Vergiss nie, dass nichts, was du tust, in Vergessenheit gerät und alles in irgendeiner Form zu dir zurückkommt. Das ist das Gesetz von Ursache und Wirkung und niemand hat an einer deiner Miseren Schuld außer dein unbewusstes Verhalten. Es ist nicht so, dass du etwas falsch machst, es ist so, dass du deine Spiritualität aus den Augen verloren hast. Du musst dich also nicht ändern, sondern nur deine Ausrichtung, und es ist außerordentlich sinnvoll, seine Sichtweise zu überprüfen. Hier geht es nicht um Schuld, sondern um Unwissenheit.

*Wer vergessen hat, wie Leben funktioniert, kann sich wieder daran erinnern. Wer sich wieder an die universellen, gerechten Gesetze erinnert, wird schnell seine Balance wiederfinden.*

Wer früher meine Seminare besucht oder schon ältere Bücher von mir gelesen hat, kennt das Beispiel mit dem Lebenskonto. Für alles, was wir tun, erhalten wir Punkte. Warum viele von uns wenig oder gar nichts auf dem Konto haben, ist einfach zu erklären. Es liegt am Ungleichgewicht ihres Verhaltens und Soseins. Auf zwei sinnvolle, gute und warmherzige Taten folgen leider oft zehn gegenteilige. Bemühe dich darum, dein Konto zumindest im Plus zu halten. Dieses Beispiel ist ein schönes Bild, das dich innerlich begleiten kann. Zahle immer mehr ein, als dir abgebucht wird und bedenke bei jeder Handlung und natürlich auch bei jedem Wort und jedem Gedanken, dass im selben Moment deinem Konto etwas gutgeschrieben oder davon abgebucht wird. Der Kontostand ist es, der über die Qualität deines Alltags entscheidet.

Etwas nicht zu sehen, zu hören, zu erkennen und zu wollen, gleicht auch einer Tat. Hast du dir darüber schon einmal Gedanken gemacht? Wie gehst du mit deinen Mitmenschen um? Wie verhältst du dich in der Natur? Womit und wie füllst du deine Freizeit? Wie verhält es sich mit deiner Achtsamkeit anderen Menschen gegenüber? Wie zurückhaltend und feinfühlend kannst du sein? Was kannst du für dich und für andere tun?

*Genuss, Hingabe, Freude, Hilfsbereitschaft, Fürsorge, Mitempfinden, Respekt, Geduld, absichtslose Offenheit und Herzlichkeit sind Begriffe, die für heilsames Handeln stehen.*

Es gibt Dinge, die tun wir nicht so gern. Das geht uns allen so, doch sollten wir daran etwas ändern. Erst wenn wir alles im Gleichklang ausführen können, wird unser Leben ins Gleichgewicht kommen.

*Es gibt weder schlechte noch gute Arbeiten, es gibt nur Aufgaben. Jede Aufgabe ist eine Erfahrung und jede Erfahrung ist wichtig. Warum also sollten wir etwas weniger gern oder lieber tun?*

**Zu welchem Ergebnis kommst du, wenn du darüber nachdenkst, dass du dich vor einer gewissen Arbeit scheust, sie nicht so gerne verrichtest oder sogar einen Widerstand ihr gegenüber hegst?**

Optimisten lachen länger

# WORTE

Die Macht des gesprochenen Wortes ist enorm. Tagtäglich sprechen wir mit Menschen und nehmen dies als etwas Natürliches hin. Für uns ist diese Form der Verständigung selbstverständlich. Die eigentliche Verständigung aber ist lautlos, es ist ein Austausch, der über Frequenzen geschieht und auch als telepathisch bezeichnet werden könnte. In der Regel achten wir bei der Kommunikation auf Informationen. Wir versuchen Wissenswertes weiterzugeben und im Gegenzug Wissenswertes in Erfahrung zu bringen. Im Zuge von Informationen suchen wir nach Antworten auf Fragen, die uns beschäftigen oder nach Lösungen, die wir auf unsere Probleme maßschneidern können. Hat unserem Gesprächspartner zum Beispiel irgendeine Ausbildung, ein Buch oder eine Therapie geholfen, überprüfen wir automatisch, ob dies auch für uns nützlich sein könnte. Wenn uns seine Begeisterung erreicht und wir etwas nachahmen, sind wir enttäuscht, wenn sich bei uns nicht der erwartete Erfolg einstellt. Doch der andere hat uns ja von einer Sache erzählt, die ihm geholfen hat. Warum schließt der Mensch automatisch daraus, dass die Information auch ihm von Nutzen sein könnte, wenn die Information ursprünglich jemand anderem gegolten hat?

Erkennen wir, dass bei Kommunikation zwar ein Austausch von Informationen stattfindet, aber im Wesentlichen ein Energieaustausch vonstattengeht. Es ist die Energie der Worte, die etwas bewegt und nicht nur deren Inhalt. Einer meiner Lieblingssprüche ist, dass viele sagen, was soll ich wissen, was ich denke, bevor ich gesprochen habe? Wer trägt die Verantwortung für einen Umstand oder eine Situation, die uns widerfährt? Natürlich niemand anderer als wir selbst. Es ist unser Sosein, unsere Art und Weise, wie wir uns im Leben geben und uns verhalten, das die Gegebenheiten formt. So könnte man überspitzt sagen, dass ein Wort die Ursache für ein gewisses Ereignis ist. Sowie Gefühle und Gedanken und Taten Auswirkungen von Ursachen sind, so gilt dies natürlich auch für die Worte, die unsere Lippen verlassen. Worte sind schnell ausgesprochen und können sehr verletzend sein.

*Wir können uns jederzeit für neue Worte entscheiden, was wir nicht können, ist, Worte zurückzunehmen.*

Worte sind wie Pfeile, die abgeschossen werden und im Endeffekt treffen sie uns mitten ins Herz, auch wenn sie andere streifen oder verletzen oder gar zu Fall bringen. Ein einziges Wort kann das ganze Leben verändern, und wenn wir nur Worte aussprechen, deren Wirkung wir leben möchten, wie sehen diese Worte aus? Möchtest du die Wirkung von Vollidioten, von der Aussage »Ich hasse dich« oder des Wortes »Doofkopf« erleben? Ich nicht! Ich habe hier bewusst keine gängigen Schimpfwörter verwendet, bin mir aber sicher, dass du auch so verstehst, was ich meine. Negative Wörter können nur negative Folgen haben und positiven Worten werden positive Ereignisse folgen. Ein klares Ja am Standesamt wird nicht dieselbe Wirkung haben wie ein Nein und doch ist das Nein nicht schlechter als das Ja. Worte sind Instrumente, die wir gezielt einsetzen sollten.

Dass der Inhalt eines Wortes eine Wirkung hat, wissen wir jetzt. Aber nicht nur das Wort selbst spielt eine Rolle, sondern auch die Tatsache, wie du etwas sagst. Wenn du zu jemandem ganz aufbrausend »Du gehst mir auf die Nerven« sagst, wird dies eine dementsprechende Energie erzeugen. Stell dir vor, du sagst zu jemandem völlig liebevoll, in einem weichen, zärtlichen Tonfall, dass er dir auf die Nerven geht. Würde ihn das ebenfalls treffen? Es wäre unglaubwürdig,

der andere würde dich erstaunt anschauen und wahrscheinlich würdet ihr beide lachen, anstatt in einem negativen
Energiefeld zu waten. Es ist doch interessant, dass das *Wie
(du etwas sagst)* dem *Was (du sagst)* die Kraft nehmen
kann. Dann gibt es noch einen weiteren Punkt, der beachtet
werden sollte, und zwar, als *wer* du etwas sagst oder bzw.
aus welchem Energiefeld heraus du sprichst. Sprichst du
aus dem begrenzten Ich-Bewusstsein oder aus dem höchsten
Selbst? Sprechen das aufbrausende und halbherzige Ego
oder das absichtslose und liebevolle Selbst? All dies sind
Dinge, die wir während eines Gesprächs beachten oder
überprüfen können und es ist immer gut, innezuhalten,
bevor wir eine Antwort geben. Es gibt eine wunderbare Geschichte, wo ein Mann einen Weisen etwas fragt. Nach fünf
Minuten fragt er den Weisen, warum er keine Antwort be-
käme? Nach einer Weile antwortete er ihm: »Weil ich dir die
bestmögliche Antwort geben wollte, eine, die für dich richtig
und bestimmt ist. Du solltest nichts Unüberlegtes zu hören
bekommen, denn du hast das Recht auf eine Antwort, die
dir gebührt.«

*Optimiere die Wirkung deiner Worte, bevor du sie ausge-
sprochen hast.*

Sobald du bemerkst, dass du ein Wort ausgesprochen hast,
das nicht gut gewählt war, weil es dich vielleicht sogar

emotional stört, kannst du das in Ordnung bringen. Finde ein neues Wort und bringe es zum Ausdruck und nimm das vorhergehende, wenn notwendig, zumindest kommunikativ zurück. Auch wenn du die ausgesandte negative Energie nicht mehr ungeschehen machen kannst, so hast du zumindest einen Minuspunkt durch einen positiven Punkt wettgemacht. Veranschauliche dir immer wieder dieses Bild des Lebenskontos, es kann dir dabei sehr hilfreich sein. Es ist immer gut, ein Werkzeug zur Hand zu haben, mit dessen Hilfe man sich wieder an das Wesentliche erinnern kann.

Wenn zwei Menschen verschiedener Meinung sind und sich aus dem Ich-Bewusstsein heraus unterhalten, wird es immer eine Distanz geben. Die Trennung von Ich und Du wird sich erst dann in ein Einheitsbewusstsein wandeln, wenn wir das Ich-Bewusstsein überschreiten und uns dem höchsten Bewusstsein öffnen. Wer als Selbst agiert, handelt und spricht, ist in der Lage, das Frequenzfeld seines Gegenübers anzuheben. Wenn das Energiefeld von zwei Menschen zu einem verschmilzt, rückt der Inhalt des Gespräches in den Hintergrund. Er ist da und man hört ihn, aber man fühlt sich nicht mehr persönlich betroffen. Man hört sozusagen als Beobachter, als der Lauschende, zu. Man gibt sich der Situation hin und wird zum Zuhörer, der sich nicht mit dem Gespräch identifiziert und sich, wie bereits erwähnt, nicht mehr persönlich angesprochen fühlt. Das ist ein ganz wichtiger

Aspekt, wenn zwei Menschen anderer Meinung sind. Nur wenn ich mich betroffen fühle, habe ich ein Problem damit, wenn mein Gegenüber anderer Meinung ist. Jeder legt seine Sichtweise dar, wobei keine von beiden falsch oder richtig ist. Es sind lediglich unterschiedliche Ansichtsweisen, über die man sich austauschen kann.

Worte spielen in jeder Form der Kommunikation eine große Rolle. Wenn ich mich mitteilen will und mit jemandem zum Beispiel über ein Vorhaben oder einen Wunsch spreche, darf ich die Wortwahl nicht aus den Augen verlieren. Aussagen wie *Das geht nicht, Ich kann nicht* oder *Das schaffe ich nicht*, gilt es sein zu lassen, denn genau diese Aussagen lassen diese Befürchtung wahr werden. Uns ist nicht bewusst, dass wir unsere Zukunft mit der Energie unserer Worte formen und uns damit ständig selbst im Wege stehen. Wer morgens aufsteht und behauptet, dass der Tag nicht gut wird, hat absolut recht. Wie soll der Tag gut werden, wenn man mit dieser Einstellung auf ihn zugeht?

*Achte stets auf deine Wortwahl und vergiss nicht, dass kein Wort seine Kraft verfehlt.*

Wenn du mittags ein Essen zubereitest, sagst du: Ich gehe jetzt kochen. Möchtest du anschließend ein Buch lesen, dann sagst du: Ich lese jetzt ein Buch. Du hast bestimmt noch nie gesagt: Ich versuche jetzt die Nudeln zu kochen.

Oder: Ich versuche jetzt ein Buch zu lesen. Du sagst immer, was du jetzt tust. Wenn du dir etwas nicht zutraust, bist du unsicher. Und wer unsicher ist, neigt dazu, das Wort Versuchen oder Probieren in seinen Wortschatz einzuflechten. Jemand bittet dich um etwas, und weil du es noch nie getan hast und deshalb unsicher bist, ob du das schaffen kannst, sagst du: Ich werde es versuchen. Warum sagt man nicht: Das mache ich gerne. Man fragt ja keinen Automechaniker, ob er einem die Haare schneiden kann, so wie du einen Gärtner nicht fragen wirst, ob er dich bei Gericht in einem Streitfall vertritt. Ich spreche von Dingen, mit denen du bewandert bist. Nehmen wir an, du bearbeitest für dich als Hobby Bilder am Computer. Fragt dich jemand danach, ob du ihm ein Bild fertigstellen kannst, obwohl du das noch nie gemacht hast, dann trau dich! Sag nicht: Ich kann das nicht. Oder: Ich habe das noch nie gemacht. Mach es einfach, denn wenn du so handelst, funktioniert es auch. Vertrau dir selbst, hab Mut und nimm dir die Zeit, herauszufinden, wie es geht. Wenn du etwas nicht machen möchtest, dann ist das eine andere Geschichte. Aber wenn etwas nicht völlig im Abseits deiner Fähigkeiten liegt, kannst du alles schaffen. Du musst es weder wollen noch können, wenn du es tust, kannst du es.

**Halte fest, welche negativ ausgerichteten Wörter sich als Gewohnheit eingeschlichen haben. Du wirst zu**

dem, was du denkst und dein Leben folgt deinen Worten. Welche Worte kannst du positiv für deine Zukunft nutzen? Welche Wortwahl kannst du dir aneignen, um Harmonie in dein Leben zu ziehen?

# NATÜRLICHKEIT

Es gibt Menschen, die strahlen Gelassenheit aus und überzeugen durch ihre Natürlichkeit. Ein wunderbarer Begriff, dem wir auf den Grund gehen wollen. Natürlich denken wir sofort an die Natur, wenn wir dieses Wort hören.

Beeindruckend sind Menschen, die diesen Begriff vermitteln. Unter ihnen gibt es schöne Menschen und Menschen von natürlicher Schönheit. Jeder empfindet das anders, kann man das also verallgemeinern? Natürliche Schönheit ist eine dehnbare Bezeichnung, da jeder Mensch etwas anderes darunter versteht. Schönheit liegt, wie man so schön sagt, in den Augen des Betrachters und doch gibt es einen Zauber, der jeden erreicht. In manchen Menschen ist er zu finden, in der Tierwelt so gut wie überall und in der Natur offenbart er sich kontinuierlich, wohin der Blick auch schweifen mag.

Das sieht nicht jeder, auch wenn man meint, dass es offensichtlich wäre.

*Nur ein schönes Herz kann schöne Dinge sehen, einem verdunkelten Herzen bleibt die Schönheit verborgen.*

Die natürliche Schönheit der Menschen liegt nur bedingt an ihrem Aussehen, es sind ihre Ausstrahlung und ihr Charisma, die sie erstrahlen lassen. Es ist etwas Feines, etwas Liebliches, das sich nicht erklären und schon gar nicht verstehen lässt. Wir sind von einem Menschen begeistert. Warum das so ist, das entzieht sich jeglichem Wort. Ein Lachen, das von Herzen kommt oder eine Bewegung, die aus sich heraus geschieht, sagen mehr als tausend Worte. Jeder Mensch will sich natürlich verhalten, doch meist gelingt es ihm nicht. Wer anderen gefallen und einfach nur gut dastehen will, sperrt die Natürlichkeit in sich ein und kapselt sich ab. Ist Natürlichkeit normal? Natürlich! Sie wäre es, wenn wir nicht so unnatürlich denken, sprechen und handeln würden. Das ist etwas, was wir uns angeeignet und im Laufe der Zeit entwickelt haben. Wir sind in eine Rolle geschlüpft, um das Leben zu meistern und unser Bestes zu geben. Das Beste kann aber nie Unnatürlichkeit sein. Unsere eigentlichen Wesenszüge scheinen vertrocknet zu sein, vielleicht weil wir dem Lebensfluss nicht folgen? Wir stellen uns ständig gegen etwas, ohne es zu bemerken.

*Vieles tun wir nicht für uns, sondern für die anderen. Haben wir uns selbst vergessen?*

Endlich wieder normal zu sein, ist ein Satz, den kaum jemand versteht. Weil keiner weiß, was normal zu sein überhaupt bedeutet. Normal zu sein, heißt natürlich zu sein. Natürlich zu sein, bedeutet, so zu sein, wie man gedacht ist. Und wie ist man gedacht? Wir wurden mit einem Körper und Fähigkeiten ausgestattet, die unser Vorstellungsvermögen überschreiten. Unendlich viele Hilfsmittel stehen uns zur Verfügung, die kaum genutzt werden. Wir haben uns von der Königin zum Menschen degradiert und anstatt als König gehen wir als Schlafwandler durchs Leben. Wer sich an Karneval als Polizist verkleidet, kann nicht das ganze Jahr über Strafzettel verteilen und Menschen zurechtweisen. Aber so ähnlich verhalten wir uns. Wir tragen nur das Kostüm eines Menschen, wann erkennen wir das?

Wie weit ist es in einer immer künstlicher werdenden Welt überhaupt möglich, natürlich zu sein? Genau aus diesem Grund und gerade deswegen ist es so wichtig, zu sich selbst, zu seinen ursprünglichen Wurzeln zurückzukehren, weil es das ist, was auch der Welt dabei hilft, sich wieder zu normalisieren und zu stabilisieren. Kinder sind natürlich. Dass wir Erwachsene das verlernt haben, ist offensichtlich.

Unnatürlichkeit hat aber auch etwas mit Hemmungen zu tun. Dem wahren Selbst Ausdruck zu verleihen, ist eine Lebensaufgabe, Spontaneität kann Schritt für Schritt zurückerobert werden. Wir müssen nichts lernen, sondern uns nur erinnern. Es ist alles vorhanden, wenn wir damit beginnen, uns für den Zugang zu öffnen, den wir irrtümlich verdeckt haben. Er versteckt sich also und nun ist es an der Zeit, dass wir unsere Natürlichkeit zurückerobern. Das muss nicht von heute auf morgen geschehen, denn auch hier ist Geduld von großer Bedeutung. Auf einer Wanderung zählt jeder einzelne Schritt, so ist es auch im Leben.

*Erwecke deine Lebenskraft und richte sie nicht auf eine Sache aus, sondern nach innen. Denn die Stärke im Inneren ist schlussendlich das, was sich im Außen als Harmonie widerspiegelt.*

Eine gedankliche Ausrichtung gleicht einer mentalen Übung, die dich bis zu einem gewissen Grad stärken kann. Doch wahre Stärke entsteht und sammelt sich in dir, damit sie im Leben etwas bewirken kann. Dies ist keine willentliche Sache, sondern ein natürlicher Vorgang, wobei wir wieder bei der Natürlichkeit angelangt wären.

Wir alle haben so viele Lebenserfahrungen gesammelt, viele davon werden als negativ verbucht. Doch die negativen sind die Wertvollsten, weil sie uns zu uns selbst zurückdrängen. Wenn wir uns zu sehr im Außen verlieren, ist es vonnöten, dass etwas geschieht, was uns wieder auf den Boden der Tatsachen zurückbringt und uns sozusagen normal werden lässt. Jede Erfahrung ist, wie wir inzwischen wissen, von großem Wert. Ganz gleich, ob du sie als gut oder schlecht bezeichnest, Fakt ist, jede Einzelne ist ein unendlich großer Schatz. Wir erfahren ja immer nur das, was wir angezogen haben.

*Wir sind für das resonanzfähig, was uns entspricht und das, was uns entspricht, ist das, was wir erschaffen haben.*

Es spielt keine Rolle, ob das bewusst oder unbewusst geschieht, alles ist unsere Entsprechung.
Wo Aggressivität und Gleichgültigkeit vorzufinden sind, ist kein Platz für Natürlichkeit. Wir sind es gewohnt, Emotionen zu unterdrücken und überhaupt alles, was aus uns hervorquillt, kleinzuhalten. Bei der Arbeit müssen wir funktionieren und vielleicht ist es nicht gewollt, dass wir uns mehr einbringen als erwünscht. Freigeister haben es nicht leicht und immer mehr Menschen müssen nur funktionieren und ein gewisses Pensum an Arbeit verrichten, ohne ihre Ideen einzubringen oder ihre Meinung abzugeben. Entsprechen sie diesen Erwartungen nicht, werden sie ausgetauscht. So einfach ist das. Der Entfaltung von Kreativität Ausdruck zu verleihen, bleibt auf der Strecke und wird

aufs Private reduziert. Doch meist ist auch dort weder Zeit noch ein Platz dafür, denn wer sich nur bedingt entfaltet, wird seine Fähigkeiten eines Tages weder wahrnehmen noch leben können. Darunter leidet auch die Neugier, die so wichtig ist, um lebendig zu sein und sich zu spüren.

Einfallsreichtum, Intuition und Spontaneität verkümmern, der Mensch wird lethargisch, lustlos und fühlt sich im gesamten Leben fehl am Platz. Ist es ein Wunder? Wenn wir uns die Entwicklung und Verlagerung in der Berufswelt anschauen, stellen wir enorme Veränderungen fest. Kein Mensch hätte sich vor Jahren vorstellen können, wie viele neue Berufe durch unterschiedliche Entwicklungen unter anderem im Bereich Digitalisierung noch hervorgebracht werden. Mütter müssen nach kurzer Zeit wieder arbeiten, weil sie das Geld benötigen und der Mann alleine eine Familie nicht mehr ernähren kann. Dies ist schon lange so und für die heranwachsenden Kinder ab und an eine Katastrophe. Früher gab es Spieleabende, am Wochenende ging man wandern und unternahm regelmäßig etwas zusammen. Gemeinsame Aktivitäten sind zur Rarität geworden, anstatt miteinander Zeit zu verbringen, schaut jeder für sich den ganzen Tag über immer wieder in sein Handy. Mit Kopfhörern joggt man durch die Natur, die Tierwelt wird weiterhin ausgebeutet und die Pflanzenwelt leidet unter der Unbewusstheit der Menschen. Das ist kein natürlicher Vorgang, aber einer, der vom Menschen erfunden, unterhalten, zelebriert und ausgeführt wird. Somit beginnt eine Veränderung bei jedem Einzelnen.

*Schuld sind nicht immer die anderen. Auch sind nicht sie es, die etwas tun müssen, wir alle sind dazu aufgerufen, uns zu besinnen und das Leben neu zu bestimmen. Jeder Einzelne ist ein Glied einer Kette, die wertvoll ist und die Möglichkeit bietet, Veränderungen in die Wege zu leiten.*

Fürsorge, Respekt und Menschlichkeit – drei große Worte. Fast jeder spürt ihre Erhabenheit und fühlt sich damit wohl. Doch sie müssen gelebt und angewandt werden, erst dann sind sie so großartig, wie sie klingen. Verurteile nie einen Menschen, der das anders sieht, denn du kennst seine Geschichte nicht.

*Fakt ist, dass alle Menschen gut sind und es so lange bleiben, bis man ihnen ihre Vollkommenheit abgewöhnt.*

Es sind immer die äußeren Umstände, die den Menschen prägen, die Seele ist rein und voller Liebe und Güte. Diese äußeren Umstände können wir uns nicht aussuchen, und auch wenn wir das Beste daraus machen, gelingt es uns nicht immer, auf dem Weg zu bleiben. Wer davon abkommt, schadet sich selbst am meisten, ganz gleich, was er tut oder wozu er fähig ist. Die Natürlichkeit im Menschen ist das Gute und das Vollkommene. Das ist das, was wir mitbringen und sind, bevor wir in einen Körper schlüpfen und uns in der Welt beweisen müssen.

Sich dieser verrückten Welt zu stellen, ist eine große Herausforderung und für keinen Menschen ein Kinderspiel. Beginne damit, ab sofort nach deiner Natürlichkeit Ausschau zu halten. Beobachte dich dabei, wie du dich anderen Menschen gegenüber verhältst. Beobachte auch deine Worte und deine Taten. Hinterfrage nicht die anderen, sondern immer dich selbst. Prüfe, ob das, was deine Lippen verlässt, unter dem Begriff *natürlich* zu verbuchen ist. Wenn nicht, dann korrigiere dich oder sprich erst, wenn auch du dich mit deinen Worten wohlfühlst.

*Tu nichts, was deine kostbare Zeit schmälert, sondern mache Zeit kostbar, durch wertvolles und richtiges Tun.*

**Was verstehst du unter dem Begriff Natürlichkeit? (Es dürfen ruhig mehrere Punkte sein.) Halte kurz fest, was dir spontan in den Sinn kommt, bevor du weiterliest. Und nicht schwindeln!**

# LEBENSINHALT

Lohnt es sich, an etwas festzuhalten, weil es zur Gewohnheit geworden ist? Was gibt dem Leben einen Sinn? Was ist der Sinn deines Lebens? Und was ist der Sinn des Lebens überhaupt? Hast du dich das auch schon einmal gefragt? Man kann beobachten, dass viele Menschen nach dem Sinn des Lebens suchen und infrage stellen, was das eigentlich alles soll. Wozu bin ich hier? Warum läuft alles schief? Wohin führt das alles noch?

Besonders wenn es nicht rundläuft und uns die Lebensumstände nicht behagen, sind wir erbost und lassen uns gehen. Anstatt bei uns selbst hinzusehen, suchen wir nach Schuldigen, schauen nach links und nach rechts, denn irgendetwas muss ja der Auslöser für unser Desaster sein. Das muss ja eigentlich etwas mit einem selbst zu tun haben, sonst wäre es ja bei einem anderen.

*Interessant ist, dass wir über alles nachdenken, aber Gedanken kaum in der Lage sind, über sich hinauszuwachsen.*

Wenn man Menschen befragt, worin sie den Sinn ihres Lebens sehen, kann nur ein kleiner prozentueller Anteil der Befragten spontan eine befriedigende Antwort geben. Bei Fragen nach dem Lebensinhalt verhält es sich etwas anders. Beruf, Partner, Kinder und Freizeitaktivitäten sind es, die dem Menschen Halt geben. Nicht umsonst ist das Wort *Halt* im Lebensinhalt enthalten. Aber halt! Was für ein wunderschönes Wortspiel! Aber doch stimmt es nachdenklich, dass es meist etwas anderes ist, dass uns hält, uns bei Laune hält, uns am Leben hält etc. Ich habe mir öfters die Frage gestellt, wie viele Menschen es gibt, die bereits in sich selbst diesen Halt entwickelt haben.

Halt gibt uns neben der Familie auch die Religion. Jede Religion ist wertvoll, weil sie Zuversicht schenkt und uns ein Anker ist. Auch wenn sich die Religionen in ihren eigenen Missverständnissen verstricken und Gott, Shiva, Mohamed, Allah, Elohim, Brahma, Vishnu aus den Augen verloren haben, sollte man sie wertschätzen und respektieren.

Jeder Mensch benötigt einen Lebensinhalt. Dieser sieht bei jedem anders aus. Wird dieser zu einseitig und reduziert sich zum Beispiel nur auf eine Person, den einen Partner zum Beispiel, gelangt man in eine Abhängigkeit, die das Gleichgewicht stört.

*Wenn man sich auf eine Sache stürzt und sie in den Mittelpunkt seines Lebens stellt, läuft man Gefahr, tief zu fallen, wenn sich das Objekt der Begierde oder die Sache verabschiedet.*

Fakt ist, dass alles einem Wandel obliegt und nichts für die Ewigkeit ist. Das wissen wir zwar, ignorieren das aber auf eine Art und Weise, die nicht ganz ungefährlich ist. Wenn der geliebte Partner, dem man sein ganzes Leben verschrieben hat, stirbt, was dann?

Und ist es nicht Selbstaufgabe, wenn die höchste Priorität außerhalb unseres Selbst angesiedelt ist? An erster Stelle stehen wir immer selbst. Und zwar nicht mit egoistischen Wünschen und Zielen, sondern mit unseren Bedürfnissen. Richte dein Leben so aus, dass du dich wohlfühlst und kümmere dich erst dann um die anderen. Das ist nicht egoistisch, denn wenn es dir gut geht, geht es auch den anderen gut. Selbstaufgabe steht nicht für Liebe, Rücksicht schon.

Viele bezeichnen es als Liebe, wenn man sich selbst aufgibt, doch Liebe ist frei, sie besitzt nicht und gibt sich selbst Halt. Natürlich ist es traurig, wenn ein Mensch die Erde verlässt, doch das ist der Lauf des Lebens. So sollte man bei Lebzeiten über dieses Thema sprechen und diese Tatsache nicht einfach ignorieren. Dieses Thema scheint nach wie vor ein Tabuthema zu sein. In welchem Jahrhundert müssen wir ankommen, damit wir offen über das Sterben sprechen können? Es ist die Angst, die uns davor zurückhält, uns diesbezüglich auszudrücken und zu kommunizieren. Warum wir vor etwas Angst haben, das wir weder kennen noch kennenlernen werden, frage ich mich. Die Menschen haben ja weniger Angst vor dem Sterben als vor der Art und Weise, wie man stirbt. Es ist die Angst vor Schmerz und Hilflosigkeit – und das können wir alle verstehen. Trotzdem sollten wir uns diesem unangenehmen Thema stellen und entdecken, dass es nicht so schlimm ist, wie es uns unsere Vorstellungen glauben lassen wollen. Deswegen gilt, sich am besten nichts vorzustellen, sondern neutral und entspannt an das Thema heranzugehen. Je früher man das so handhabt, umso einfacher wird sich Abschied gestalten.

Man spricht immer vom plötzlichen Tod. Ganz gleich, ob ein Mensch bei einem Unfall, nach schwerer Krankheit, in jungen Jahren oder im hohen Alter stirbt, es ist immer plötzlich. Warum? Weil wir damit einfach überfordert sind. Wir wissen, dass der Tod naht, verdrängen den Gedanken daran aber selbst in den dunkelsten Stunden. Was es genau mit ihm auf sich hat, lässt sich nicht wissen. Wenn wir aber das Feindbild in ein positives Bild umwandeln, können wir ganz anders damit umgehen. Solange wir zur Erreichung des Ziels an einen Körper gebunden sind, werden wir mit der Vergänglichkeit konfrontiert sein.

Es ist an der Zeit, sich von Abhängigkeiten und Bindungen zu lösen, was nicht bedeutet, Partnerschaften zu beenden, Aktivitäten aufzugeben und Gegenstände wegzuwerfen. Es geht um ein inneres Loslassen und in sich selbst zu erforschen, wo Halt zu finden ist. Der Geist ist willig, aber das Fleisch ist schwach, heißt es in der Bibel. Der Mensch ist schwach, auch wenn er so stark erscheint, weil er seinen Schwächen erliegt und seine eigentliche Größe ignoriert. Vielleicht ist es keine Ignoranz, sondern Angst oder Bequemlichkeit, um danach Ausschau zu halten. Fakt ist, dass die Seele von unendlicher Größe zeugt, voller Kraft und Schönheit ist. Dass wir das alles in uns tragen und jederzeit aufdecken können, kann man nicht oft genug erwähnen.

*Entdecke dein eigentliches Sein, du bist frei!*

Mein Lebensinhalt ist es, dem Leben auf den Zahn zu fühlen und auf die Schliche zu kommen, was es damit auf sich hat. Ein ganzes Leben lang stehe ich in diesem Dienst, eine Aufgabe zu erfüllen, die uns allen in die Wiege gelegt worden ist. Und wann willst du damit beginnen?

Ich lade dich ein, jetzt damit zu beginnen. Jetzt ist immer der beste Augenblick, weil gestern auch jetzt war und morgen auch jetzt sein wird. Entdecke deine Spiritualität. Spiritualität bedeutet achtsam und vor allem menschlich zu sein. Die Seele ist Spirit. Im Englischen steht dieser Ausdruck für den Geist. Man sollte dies keineswegs mit dem Verstand verwechseln. Denken ist nicht gleich spirit, Denken ist mind.

*Spiritualität bedeutet also nicht, in Bio-Baumwolle gekleidet den ganzen Tag über in Meditation zu versinken, sondern aktiv am Leben teilzuhaben.*

Wichtig ist es, Verantwortung für sein Tun und Denken zu übernehmen und den Menschen ein Vorbild zu sein. Wahrhaftigkeit ist ein großes Wort. Kaum jemand weiß, was es bedeutet, und wer lebt sie schon wirklich? Wir alle sind nicht perfekt, doch können wir jeden Tag etwas dazu beitragen, ein wahrhaftiges Leben zu führen. Dies beginnt mit den kleinen Dingen, wie zum Beispiel Hilfsbereitschaft, Fürsorge und Rücksicht. Tieren und Pflanzen gleichermaßen wie Menschen entgegenzutreten und jeden Tag sein Bestes zu geben. Nicht griesgrämig zu sein, sondern voller Elan und Vertrauen. Zweifel und Gleichgültigkeit sollten wir aus unserem Leben verbannen und jeden Tag neu gestalten. Jeder Tag ist anders und keiner gleicht dem vorhergehenden.

*So bietet jeder Morgen die Möglichkeit, Ja zum Leben zu sagen, ihm positiv gegenüberzutreten und damit seine Lebensinhalte selbst zu erschaffen.*

Diese müssen nichts Besonderes sein, sondern einfach natürlich und uns wohlgesonnen. Und wenn wir dem Leben so gegenübertreten, wird es uns dasselbe reflektieren. Also, wann wollen wir damit beginnen? Jetzt? Jetzt!

**Mein bisheriger Lebensinhalt:**

_____

_____

_____

_____

_____

O  Ich werde ihn behalten.

O  Ich werde ihn an zweite Stelle rücken und mich an erste Stelle setzen.

So gehe ich vor:

_____

_____

_____

_____

_____

O   Ich habe einen anderen Plan:

_____

_____

_____

_____

_____

_____

# ZEIT

Wohin mit der Zeit und was ist das eigentlich? Was tun, wenn man Zeit übrig hat? Die Zeit hat jeden Tag 24 Stunden übrig, die Frage ist, wie man damit umgeht und womit man sie füllt. Abzüglich von Schlaf und Arbeit bleibt immer noch ein großer Raum zur Entfaltung übrig. Und jetzt? Was tun? Was ist sinnvoll und womit kann man Zeit auch vergeuden? Weil wir schon beim Thema Zeit sind, eine kurze Zwischenfrage: Was hat es mit ihr auf sich? Man kann sie weder greifen noch sehen und doch bestimmt sie unseren Alltag. Jetzt, wo ich hier sitze und schreibe, ist Zeit inexistent. Sie berührt mich nicht und ich kann auch nicht sagen, ob sie schnell oder langsam vergeht, da ich voller Freude einfach nur festhalte, was zu Papier drängt. Das Leben da draußen scheint gar nicht zu existieren. Es hat das Priorität und einen Stellenwert, womit ich mich beschäftige.

*Wer im Augenblick lebt, lebt zeitlos, auch wenn er der Zeit unterworfen ist.*

Heute tue ich mir etwas Gutes! Ein vielversprechender Satz, doch was ist gut für mich? Etwas, was mich bereichert? Etwas, das mir Freude bereitet? Etwas, was meinen Körper entspannt? Etwas, was Sinn macht? Ich glaube, dass es keine sinnlosen Tätigkeiten gibt, sondern nur solche, die man als sinnlos empfindet. Jeder hat seine Vorlieben und seine eigenen Vorstellungen davon, was ihm guttut. Mir tut am ehesten das gut, was auch andere bereichert. Was gibt es Schöneres, als Zeit miteinander zu teilen? Ich habe viele Geschichten von Klienten gehört, die einsam waren und nichts mit ihrer Zeit anzufangen wussten. Sie wünschten sich einen Partner, um nicht alleine essen zu müssen und ihre Freizeitaktivitäten durch eine Begleitung aufzuwerten. Natürlich macht Wandern zu zweit mehr Spaß. Je nach Lust und Laune kann man aber auch gemeinsam schweigen.

*Alleine zu schweigen, ist keine Kunst, das zu zweit zu meistern, allerdings eine große Herausforderung.*

Damit jemand nicht so einsam beim Mittagessen sitzt, muss also ein Partner her. Sehne ich mich nach einem Partner, nur um Lücken zu füllen? Ich esse ebenso lieber zu zweit, auch wenn ich ein Essen mit mir alleine ganz gut genießen kann. Sitzt mir niemand gegenüber, merke ich, dass der Wert des gemeinsamen Essens nicht dazu da ist, Einsamkeit zu füllen, sondern den Genuss und die Zeit zu teilen. Ein Ansatz, den es zu überdenken gilt.

Bis zum 18. Lebensjahr verstreicht die Zeit langsam und träge. Zumindest empfinden wir das so. Kaum steht der heiß ersehnte 18. Geburtstag ins Haus, scheint sich auch an der Zeit etwas zu ändern. Sie beginnt plötzlich schneller zu werden und uns davonzulaufen. Wir werden selbstständig, können tun und lassen, was wir wollen, müssen aber auch Verantwortung übernehmen. Bis zu einem gewissen Alter lebt es sich unbeschwert, und man weiß nicht, was auf einen zukommt. Wir sind nicht in der Lage, den Reichtum der Jugend wahrzunehmen. Erst ab einem gewissen Alter blicken wir auf das Leben zurück und realisieren den Wert der Jugend. Auch wenn man nicht mehr jünger sein möchte, man kann sich als Teenager gar nicht vorstellen, was es bedeutet, älter zu werden. Man ist zwar von älteren Menschen umgeben und sagt immer, dass man nicht so werden möchte wie sie, kann aber nicht ansatzmäßig nachvollziehen, wie sich der Körper verändert. Mit der Zeit kommen auch die Wehwehchen, beim einen mehr, beim anderen weniger. Man kann es gar nicht verstehen und hadert damit, langsamer zu werden und sein Arbeitspensum reduzieren zu müssen. Was früher ganz leicht ging, geht plötzlich nicht mehr so leicht von der Hand.

*Es kommt nie etwas plötzlich, wenn einem bewusst wird, dass kein Tag gleich ist und sich das Leben jeden Tag grundlegend verändern kann.*

Wir sind in einem Sicherheitsdenken gefangen, obwohl es im Leben nirgendwo Beständigkeit gibt. Alles wandelt sich – und zwar in jedem Augenblick. Absolut nichts bleibt gleich. Wo ist nur die Zeit geblieben, wo man aufgestanden ist und gedankenlos in den Tag startete? Ab einem gewissen Alter geht das nicht mehr so schnell. Die Körperpflege dauert, ein striktes Übungsprogramm für den Körper muss eingehalten werden, damit man nicht einrostet und auch die Frühstückszubereitung kann schon mal ziemlich viel Zeit in Anspruch nehmen, weil man Weizen nicht mehr verträgt und darauf achten muss, was man zu sich nimmt. Kaum schaut man sich um, sind 2–3 Stunden vergangen und eigentlich hat man noch gar nichts erledigt. Im Alter ist man froh, wenn man noch alle Zähne im Mund hat, die Verdauung funktioniert und man durchschlafen kann. Mit solchen Dingen hat man sich früher natürlich noch nicht beschäftigt. Alles hat seine Zeit. Mit dem Alter kommt auch die Weisheit, so sagt man es zumindest. Ernest Hemingway musste dieser Redewendung widersprechen: Er behauptete, dass der alternde Mensch nicht weise, sondern nur vorsichtig wird. Ich finde, der Mensch wird mit dem Alter mutiger, sofern er sich spirituell weiterentwickelt hat.

Hast du dich auch schon einmal gefragt, was Zeit eigentlich ist? Wie wird Zeit gemessen?

*Zeit beginnt durch die Bewusstwerdung des Menschen, der sich über die Sinne nach außen orientiert.*

Wenn ich ganz in einer Sache aufgehe und voll im Augenblick bin, scheint die Zeit verschwunden zu sein – und doch geht sie weiter, auch wenn die Uhr mein einziger Zeuge ist. Wenn wir Dinge tun, die uns Freude bereiten oder etwas sehnlichst erwarten, vergeht die Zeit wie im Flug. Behagt uns etwas nicht oder warten wir auf etwas, das Gegenteil der Fall. Zeit ist also nur dann relevant, wenn es einen definitiven Zeitpunkt gibt. Termine müssen eingehalten werden, man geht seinen Verpflichtungen nach. Ansonsten spielt es ja keine Rolle, ob ich für etwas länger brauche oder auf etwas kürzer warten muss, wenn ich nicht an einen gewissen Zeitpunkt denke beziehungsweise arbeitsbedingt daran denken muss. Auch hier liegt das Problem wieder im Denken begraben.

*Wer voll präsent ist und den Augenblick erfüllt, auf den wird Zeit keinen Einfluss nehmen.*

Und doch müssen wir uns in der Gesellschaft nach ihr orientieren, weil sonst kaum etwas funktionieren und es ziemlich drunter und drüber gehen würde. Es macht Sinn, wenn jeder für sich selbst Zeit definiert. Es ist weise, nur das Notwendige zu planen und sich die restliche Zeit über vom Leben leiten zu lassen. Wer sich diesem Rhythmus hingibt und ihn nicht willentlich unterbricht, wird eine neue Qualität entdecken, wodurch das Leben geschmeidiger wird. Auch wenn wir uns nach Vorgaben richten müssen, sollten wir uns nicht zusätzlich einengen und Druck auferlegen. Step by step. Es folgt stets ein Handgriff nach dem anderen und das ist nur möglich, wenn mein Denken nicht schneller ist als mein Tun. Wenn Gedanken vorauseilen und nicht bei der Sache sind, entstehen Spannungen und die können wir alle nicht gebrauchen. Der Mensch beginnt heil zu werden, wenn er sich nicht verzettelt und in To-do-Listen verliert. Erledigungen in der Zukunft sind dann an der Reihe, wenn das erledigt ist, was jetzt an erster Stelle steht. Mit Dingen soll man sich beschäftigen, wenn sie an der Reihe sind – und nicht vorher.

*Wer sich sorgt, ist nicht bei der Sache, sondern der Sorge zugetan.*

Ist es ein Wunder, wenn der Mensch sich als halber Mensch fühlt? Ganz zu sein bedeutet, sich weder in der Zeit noch in anderen Bereichen des Lebens zu verlieren, sondern sich jeden Moment über der Fülle des Lebens gewahr zu sein und ihr zuzuwenden.

*Eine Lebenszeit wirkt nur vorausschauend lang, rückwirkend ist sie knapp bemessen, also zählt, womit ich sie verbringe.*

**Drei Vorsätze, die ich gerne umsetzen möchte ...**
**Folgende Zeitgeschenke plane ich ein:**

_____

_____

_____

**Hierfür werde ich mir mehr Zeit nehmen:**

_____

_____

_____

_____

_____

_____

_____

_____

**Womit ich meine Zeit nicht mehr vertrödeln will:**

_____

_____

_____

_____

_____

_____

# ORDNUNG SCHAFFEN

In sich und in seinem Leben Ordnung zu schaffen, ist ein weiterer Punkt, damit wir unser Herz heilen können und das Wunder von Ganzwerdung und Heilung in uns ermöglichen. Den Geist kann man nicht entrümpeln, denn Geist ist das, was Bewusstsein hervorbringt und somit Liebe, die Alleinheit, ja Gott ist. Was man aber auf alle Fälle entrümpeln kann, ist der Kopf, der vollgestopft ist mit Dingen, die uns hemmen und blockieren. Wo wir noch Ordnung schaffen können, ist, neben unserem Gedankengut, das, was wir tun, sprechen und fühlen. Ich denke, dass sich davon viele Menschen angesprochen fühlen und das auch praktizieren wollen. Dass sie es dennoch nicht umsetzen, daran sind viele Faktoren schuld. Einer davon liegt in der fehlenden

Unterscheidungskraft. Wir wissen nicht, was richtig und falsch ist und sind ratlos, weil wir es nicht erkennen können. Jahrelang haben wir unsere Intuition nicht genutzt, und wenn etwas vernachlässigt wird, kann es auch nicht mehr vollumfänglich funktionieren. Wir haben es verlernt, auf die Stimme unseres Herzens zu hören, weil wir der Meinung und den Ansprüchen anderer gefolgt sind und vordergründig der Stimme im Kopf Folge geleistet haben.

*Es gibt ein direktes Handeln, das unmittelbar erfolgt und von innen herrührt, und es gibt ein zielorientiertes und berechnendes Handeln, das mit Erwartungen gespickt ist und dem persönlichen Willen obliegt.*

Neben dieser persönlichen Absicht gibt es auch noch einen anderen Willen und dieser ist den meisten von uns fremd. Der höchste Wille gleicht einer Führung, es ist ein Impuls, der unserer Seele entspricht. Der persönliche Wille ist ein Impuls, der unserer Ratio entspricht.

*Vernunft ist ein guter Wegweiser, der logische Verstand bringt uns hingegen eher vom Weg ab.*

Hier braucht es eben diese erwähnte Unterscheidungskraft. Ist diese nicht vorhanden, tappen wir im Dunkeln, verlieren uns in Sackgassen und begeben uns auf allerlei Irrwege, die ermüdend und letztendlich Zeitverschwendung sind. Die Lebenszeit ist kostbar und so empfiehlt es sich, stets am Hauptweg zu bleiben und nicht immer wieder abzuzweigen und sich in irgendwelchen Situationen zu verlieren, die man sich eigentlich hätte sparen können. Natürlich hat jede Erfahrung einen Sinn und sinnlose Erfahrungen gibt es nicht, was aber nicht bedeutet, dass wir auf Biegen und Brechen Erfahrungen sammeln müssen, die uns weder guttun noch Freude bereiten.

Wer ausschließlich den Weg des persönlichen Willens verfolgt, verliert auch die Nächstenliebe aus den Augen. Unter dem Motto »Zuerst komme ich und dann die anderen« oder »Hauptsache mir geht es gut« wird ein erfülltes und zufriedenes Leben auf sich warten lassen. Der höchste Wille beinhaltet das Wohl aller und schließt niemanden aus. Er setzt den Impuls für Dinge, die allen dienen und immer optimale Lösungen und Ergebnisse bieten. Solltest du mit dem Ergebnis dennoch unzufrieden sein, ist das dein individuelles Empfinden. Weder der Verstand noch das Ego können wissen, was gut für dich ist. Das sind Vorstellungen und Ideen, die aber nichts weiter als Hirngespinste sind und dich eben dorthin führen, was du lieber meiden möchtest. Setze ein Zeichen und folge deiner inneren Stimme, anstatt deine Emotionen an Dinge zu hängen, die ohnehin vergänglich sind.

*Alles im Leben zieht vorüber und nichts ist von Bestand, warum also an etwas festhalten?*

Wir sind uns der Bindungen, die wir eingegangen sind, gar nicht bewusst. Und ich spreche nicht von Beziehungen, sondern von emotionalen Bindungen, die fast unsichtbar scheinen. Bindungen können intensiv und weniger stark sein. Das gilt auch bei materiellen Gütern, Gebrauchsgegenständen und allerlei Krimskrams. Doch alle haben etwas gemeinsam: Sie vereinnahmen uns und nehmen mehr Platz in unserem Leben ein als die Liebe zu uns selbst. So vieles vereinnahmt uns, dass kaum Zeit dafür bleibt, sich unserem Innenleben zu widmen. Wir können demzufolge den Ruf des Herzens nicht mehr hören.

*Wenn es uns schlecht geht, werden wir gezwungen, uns unser Leben etwas genauer anzusehen, es zu durchleuchten. Und genau aus diesem Grund geschehen Dinge, die uns den Spiegel vorhalten.*

Hat man erst einmal eine Depression entwickelt, ist es oft schon zu spät. Denn ein seelisch geschwächter Mensch hat weder die Kraft noch die Idee, sein Selbst zu erforschen. Damit sollten wir beginnen, bevor wir im fortgeschrittenen Alter zu müde und kraftlos oder krank geworden sind. Ist all das Gerümpel, das uns umgibt, es wirklich wert, uns vom eigentlichen Sinn des Lebens abzubringen? Kann es uns dauerhaft befriedigen? Natürlich können wir Dinge genießen. Solange wir sie nicht besitzen wollen, ist alles okay. Warum streben wir immer nach mehr und häufen so viele Güter an, dass uns kaum Luft zum Atmen bleibt? Wollen wir damit etwas überdecken? Versuchen wir die Leere mit Gegenständen zu füllen? Bestimmt ist das so. Wer sich darüber Gedanken macht und das einsieht, kann jetzt damit beginnen, etwas daran zu ändern. Änderung ist jederzeit möglich, jeder Tag beginnt neu. Der heutige Tag ist nicht wie der gestrige und der morgige wird ebenfalls anders sein. Das Paradoxe daran ist, dass gestern, heute sowie morgen jetzt war und sein wird. Jedes Jetzt ist anders, jeder Augenblick ist wie ein leerer Raum, den du nach Belieben füllen und einrichten kannst. Ist dir das nicht bewusst?

Du kannst jeden Tag deines Lebens neu beginnen. Niemand hält dich davon ab, außer du selbst. Gewohnheiten, Trägheit und Antriebslosigkeit sind starke Energien, die man nicht unterschätzen darf. So sollten wir sie auf keinen Fall nähren, sondern sie durch Inspiration, Schaffenskraft und Freude ersetzen.

*Ersetze alte Eigenheiten durch neue, anstatt neue Gegenstände zu kaufen.*

Irgendwann haben wir uns etwas gewünscht und dann werden wir den Gedanken an das Gewünschte nicht mehr los. Es macht uns unfrei und schwer. Wenn wir sterben, sind unsere Nachkommen damit beschäftigt, den ganzen Nachlass zu entsorgen. Das bringt viel Arbeit mit sich und niemand macht das gerne. So sollten wir bereits zu Lebzeiten für die Zeit nach unserem Leben für Ordnung sorgen. Gar keine so leichte Aufgabe, die man nie früh genug angehen kann. Man kann nicht nur aufschreiben, wer was bekommen soll, sondern entrümpeln. Verkaufen, spenden, verschenken ... wie auch immer. Einfach Ordnung schaffen. Wie viele Dinge, die du besitzt, hattest du mehrere Monate über nicht mehr in der Hand oder ihnen keine Beachtung mehr geschenkt? Genau davon kannst du dich lösen. Es gibt einen guten Trick, alles, was man im Moment nicht benötigt, in Kisten zu verstauen und in den Keller zu stellen. Nach einem Jahr kann man sie entsorgen, so habe ich es gemacht. Vielleicht ist das ein kleiner Ansporn, es ebenfalls so zu handhaben. Früher war ich mir all meiner großen und kleineren Besitztümer gar nicht bewusst. Je älter ich wurde, desto mehr wurde alles, was so vor und in den Schränken lag. Und all das wurde mehr und mehr zur Belastung. Man kann gar nicht sagen, warum das so ist, aber ich habe mit vielen älteren Menschen gesprochen, die sich plötzlich von Dingen trennen konnten, die sie jahrzehntelang aufbehalten haben. Eine Nachbarin, die ich auf der Straße traf, erzählte mir, dass sie soeben einen Nachttopf in die Mülltonne geworfen hat, den ihre Kleinkinder benutzt hatten, weil es damals nur eine Toilette in ihrer kleinen Wohnung gab. In der Wohnung lebt sie immer noch und der Nachttopf war im Schrank 45 Jahre lang zu Gast. Kaum zu glauben, dass sie ihn so lange behalten hatte. Sie konnte sich das selbst nicht erklären. Als sie mir das erzählte, griff sie sich an den Kopf und schüttelte sich vor Lachen. Sie hatte keine Ahnung, warum sie das Ding nicht schon Jahre zuvor entsorgt hatte, da es nicht an einem nicht einsehbaren Ort lag, sondern sie in regelmäßigen Abständen darauf gestoßen war.

Dinge zu sammeln und zu horten, kann auch eine Krankheit sein. Ob mehr oder weniger ausgeprägt ist es auf alle Fälle ein Hemmnis. Dies bedeutet nämlich, dass wir auch in uns etwas horten und sich viel Schmerz und Leid angesammelt hat.

*Entrümpeln ist eine Beschäftigung, die Folgen hat. Jedes Mal, wenn du, egal wie und wo, Ordnung schaffst, kannst du stolz auf dich sein, denn nur wenn sich in dir etwas geordnet, erneuert und verändert hat, wirst du das auch im Außen vollziehen können.*

Interessant, dass sich Kleinkinder ganz anders verhalten. Sie beabsichtigen keinen materiellen Besitz. Ihre Augen leuchten, wenn sie wieder etwas Neues bekommen und natürlich will jedes Kind mehr haben als das andere. Fakt ist aber, dass sie Gegenstände, mit denen sie vor Kurzem noch voller Begeisterung gespielt haben, plötzlich in die Ecke werfen. Wenn das Interesse nachlässt, hat es keine Bedeutung mehr für sie. Und wie verhält es sich mit uns Erwachsenen? Wir horten Dinge, um sie haben und besitzen zu wollen, weil sie uns etwas geben, was wir im Leben nicht finden und uns selbst nicht geben. Es hat also auch etwas mit dem Selbstwert zu tun. Oft verstehen wir nicht, warum Kinder so achtlos mit Spielzeug umgehen. Doch ist es gewiss keine Achtlosigkeit, sondern Desinteresse, was völlig normal ist, wenn man etwas genauer hinschauen will. Das Kleinkind beschäftigt sich ja mit Dingen, um davon etwas zu lernen und sich selbst kennenzulernen. Ist dieser Schritt vollbracht, braucht es die Erfahrung nicht mehr. Welchen Nutzen sollte also etwas haben, was seinen Dienst getan hat?

Lassen wir diesen Vorgang auf uns wirken und schauen wir hin, was wir daraus lernen können. Kinder sind nicht nur eine Bereicherung für das Leben und unsere Zukunft, sondern unsere Lehrmeister. Sie sind unser Spiegelbild, das oft unangenehm sein kann. Trotzdem sollten wir nicht wegsehen und lange genug hineinschauen, um das zu entdecken, wonach wir alle Ausschau halten: Einheit und Liebe.

- Erstelle eine To-do-Liste zum Thema »Wie kann ich Ordnung schaffen?«

- Erstelle Entrümplungslisten, eine von Dingen, eine von Gewohnheiten und eine von Verhaltensweisen, Mustern und Charakterzügen.

- Stell dir vor, dass du in einem Jahr dein ganzes Hab und Gut an jemanden weitergibst, weil du für einige Jahre auswanderst und nichts mitnehmen kannst. Wie gehst du vor? Was willst du für deine Rückkehr behalten?

- Halte fest, wo es in deinem Leben Bindungen gibt und welche sich schwer und überholt anfühlen.

# SELBSTBEWUSSTSEIN

Jeder weiß, dass ein gesundes Selbstwertgefühl mitbestimmt, ob ein Leben glücklich oder unglücklich verläuft. Der Selbstwert hat aber nichts mit dem Ego zu tun, sondern mit einem bewussten Umgang mit sich selbst. Sich bewusst zu sein, was ich bin. Und was bin ich? Eher nicht das, wofür ich mich halte. Der Mensch reduziert sich auf den Körper und auf sein Denken. Er ist aber viel mehr als das, was sein Denken zulässt und ermöglicht. Das Wort Selbstwert setzt sich aus zwei Silben zusammen. Es hat also nichts mit Selbstüberzeugung, Stolz, einem guten Auftreten oder Einbildung zu tun. Es ist der Wert des Selbst, um den es hier eigentlich geht. Es heißt ja nicht Ichwert, sondern Selbstwert. Dasselbe gilt für das Wort Selbstbewusstsein. Es bedeutet nicht, sich seiner selbst bewusst zu sein, was irrtümlich mit dem Ich verwechselt werden kann, sondern sich seines Selbst bewusst zu sein. Das klingt vorerst gleich, ist aber grundverschieden.

*Wer seine wahre Größe entdeckt, entdeckt sich selbst. Diese Entdeckung ist kein Vorgang, der ortsgebunden ist, es ist eine innere Erfahrung.*

Vertraust du auf deine eigene Kraft? Natürlich ist es auch genetisch bedingt, mit welcher Sicherheit ich ins Leben komme. Ist hier ein Mangel vorhanden, kann dieser jederzeit ausgeglichen werden. Es ist vielleicht nicht so einfach wie in dem Fall, wenn einem die Selbstsicherheit in die Wiege gelegt wird, aber es ist jedem Menschen möglich, zu seiner Größe zu erwachen. Mach dir keine Sorgen, wenn du zweifelst. Es ist nie zu spät, in seine Kraft zu kommen, denn der Selbstwert ist keine Frage von Schulung, sondern von Reife. Der Mensch reift heran wie ein Apfel. Letzterer beginnt dem Augenschein nach bei der Blüte, obwohl er lange zuvor schon im Samen des Baumes abgespeichert war. Nach der Blüte wächst eine Frucht heran, die erst dann vom Zweig fällt, wenn der Zeitpunkt dafür gekommen ist. Auch bei dir ist ein gewisser Zyklus vorbestimmt, aber du kannst etwas dazu beitragen, um das Reifen zu pflegen. Dies geschieht, indem du die Information im Apfelkern oder im Samen des Baumes als das wahre Wesen des Apfels in Betracht ziehst. Du musst nichts wissen, sondern dich lediglich an das große

Ganze herantrauen und dich nicht ausschließlich im Sichtbaren aufhalten. Das, was dich umgibt, ist die Vielfalt des Einen. Das Eine in der Vielfalt zu erkennen ist den reifen Menschen vorbehalten.

*Irgendwann sind alle Menschen reif. Das ist die Wahrheit und schenkt Hoffnung und Zuversicht, stets weiterzumachen und niemals aufzugeben, ganz gleich, wie schwierig die Umstände zu sein scheinen.*

Menschen, die sich nicht nur um ihren Kontostand, um Vergnügungen und um ihre eigenen Bedürfnisse kümmern, sondern über den Tellerrand hinausschauen. Es ist ein Wagnis, denn wer sich ein Leben lang nur um das kümmert, was sich innerhalb des Lebensraumes abspielt, braucht Mut, um neue Wege beschreiten zu können. Den kann man nicht kaufen, man muss ihn sich sozusagen aneignen oder noch besser gesagt wiederentdecken. Mutig ist der, der vertraut und einen Zugang zu sich selbst findet. Doch zuerst muss man überhaupt einmal auf die Idee kommen, seinen gewohnten Ablauf zu durchbrechen und sein Denken, Verhalten und Handeln zu hinterfragen. Fragt sich ein Mensch im Urwald, der noch nie irgendwo anders gewesen ist, ob er seinen nächsten Urlaub in Skandinavien oder auf Mauritius verbringen soll? Bestimmt nicht, denn er kennt nichts anderes als sein Umfeld. Du aber kennst mehr und weißt mehr und vielleicht ist genau das das Problem, was dir im Wege steht. Wissen und Erfahrungen halten uns davon ab, uns selbst zu ergründen, weil wir stets auf sie zurückgreifen und alles damit vergleichen und verknüpfen. Dann glauben wir etwas zu wissen, was aber nur auf einer persönlichen Meinung beruht und fern einer Wirklichkeit ist. Wir sind von unserem Wissen überzeugt: Dass das Leben so ist, wie wir es wahrnehmen – und nicht anders! Die Frage ist nur, wer recht hat, denn das glaubt schließlich ein jeder. Somit hat jeder recht und jeder Beteiligte seine persönliche Wahrheit. Die Wirklichkeit lässt sich davon nicht beeindrucken, sie ist und bleibt unpersönlicher Natur. Es ist Fakt, dass nichts so sein kann, wie wir es sehen, denn die Dinge selbst haben mit einer Wahrnehmung des Einzelnen nichts am Hut.

*Es gibt Milliarden von Weltbildern und Ansichten, aber nur eine Welt.*

Passt das zusammen? Unsere Überzeugung hat also nichts mit der Wirklichkeit zu tun. Wer das erkannt hat, hat schon einmal einen großen Schritt in die richtige Richtung gesetzt.
Werde dir deines Selbst bewusst und entfalte deine Kraft. Werde aktiv und vertraue niemandem, auch nicht deinem Ich. Hinterfrage es und schau genau hin, ob deine Annahmen nicht nur Interpretationen und Missverständnisse sind.

*Finde Lösungen, um dich weiterzuentwickeln und glaube an die Kraft, die dein Leben lenkt und leitet, denn sie ist deine wahre Identität.*

Finde den Mut, Neues zu wagen und verbringe so viel Zeit, wie es geht, mit dir selbst. Wenn es still wird in einem, kommen Gefühle und Ängste hoch, um sich zu befreien. Wenn du das zulässt und davon ablässt, dagegenzusteuern, ist der Heilungsprozess im vollen Gange. Es ist nicht immer so prekär, seine Komfortzone zu verlassen und sich völlig neu zu orientieren. Alles, was wir schon zig-mal gemacht haben, suggeriert uns das Gefühl von Sicherheit, die es niemals gegeben hat. Nichts ist sicher, außer dass nichts sicher ist. Dieser Lebensweisheit sollten wir uns anvertrauen.

**Affirmationen für den Selbstwert:**

**Ich vertraue meiner Intuition und lasse mich vom Leben leiten.**

**Voller Mut und Selbstvertrauen gehe ich durch den Tag, denn für mich ist bestens gesorgt.**

**Es gibt keinen Grund, sich Sorgen zu machen, das Leben stellt mir alles bereit, was für mich zum Besten ist.**

**Meine Fähigkeiten entfalten sich vollkommen, so wie ich vollkommen bin.**

Was auch immer der Tag bringt, ich schaffe es.

Ich gönne mir Pausen, ich bin es mir wert.

Zuversicht, Mut und Überzeugung begleiten mich durch den Tag und schenken mir Zufriedenheit und Erfüllung.

# VON TRÄUMEN
# UND WÜNSCHEN

Wir haben schon viel davon gehört, wie man Wünsche verwirklicht. Und was ist bei dir schon alles in Erfüllung gegangen? Vielleicht nicht alles und wahrscheinlich hat nur weniges auf Anhieb geklappt. Gibt es jetzt, in diesem Moment, einen Traum, den du dir erfüllen möchtest? Es geht nicht so sehr um das Erreichen des Ziels, sondern eher darum, was du erwartest. Nehmen wir an, du möchtest gerne auswandern und irgendwo ein neues Leben beginnen. Einfach neu starten und eine Existenz aufbauen, die du dir in allen Einzelheiten vorstellen kannst. Wie auch immer es dann ist, warum verfolgst du dieses Ziel? Du willst weg? Warum? Was erhoffst du dir und was willst du hinter dir lassen? Was soll dort besser sein als hier und warum kann es nicht hier besser sein? Rastlosigkeit, Unzufriedenheit und ein Fluchtverhalten sind nicht selten Beweggründe, die zwar nachzuvollziehen sind, uns aber auch in die Irre leiten können. Wie fühlst du dich hier und jetzt an diesem Ort, in diesem Beruf, in dieser Partnerschaft, unter diesen Umständen …? Mag sein, dass der Umzug deinem Leben frischen Wind einhaucht, aber die Beweggründe lässt du nicht zurück. Du nimmst sie mit und alles, was du hier und jetzt emotional nicht geregelt bekommst, wird sich auch an einem anderen Ort wieder einschleichen. Nicht auf der Stelle, aber irgendwann holt dich das ein, was du dir jetzt nicht anschaust. Setze dich vor deinem Umzug damit auseinander und nicht erst dann, wenn es so weit ist, alle Zelte abzubrechen. Vielleicht kannst du dein jetziges Leben dann mit anderen Augen betrachten und vieles ist gar nicht mehr so problematisch und schlecht, wie du es angenommen hast. Dies gilt natürlich für jede Veränderung, nicht nur bei einem Ortswechsel.

*Veränderungen geschehen immer in einem selbst, bevor sie sich im Außen vollziehen.*

Ob das Ergebnis so sein wird, wie du es dir vorgestellt hast, lässt sich nicht wissen. Wenn wir uns etwas wünschen, stellen wir uns vor, wie es sein könnte. Die Realität sieht dann meistens anders aus. Oft sind wir enttäuscht oder bemerken, dass dies doch nicht das Gelbe vom Ei gewesen ist. Natürlich wird es selten so sein, wie wir es uns gewünscht und gedacht haben, denn ein neuer Job, ein neuer Partner oder Lebensumstand haben ja nichts mit unseren Hirngespinsten zu tun. Ernüchterungen und Enttäuschungen sind nie schlecht. Sie sind lehrreich und nützlich, denn an ihnen können wir wachsen und erkennen, dass das Leben seiner eigenen Richtung folgt. Es ist nicht dazu verpflichtet, unseren Ideen Folge zu leisten, es reagiert immer anders als erwartet. Es ist wunderbar, sich frei von Wünschen und ohne Vorbehalte auf das, was uns das Leben schenkt, einzulassen und es dankbar in die Arme zu schließen. Das ist eine Gabe, die wir neu lernen müssen, wenn wir Zufriedenheit an unserer Seite haben wollen. Ich lasse mich jeden Tag aufs Neue überraschen und schaue, was der Tag bringt. Ich plane nur selten etwas und tauche in den Lebensfluss ein, um zu empfangen, was mir entgegengespült wird. So sitze ich am Ufer und empfange, anstatt zu fordern und Vorstellungen zu füttern und Wünschen hinterherzujagen.

*Wir verlieren uns in einem Ziel und in einer Vorstellung, anstatt wahrzunehmen, was jetzt in diesem Augenblick möglich ist.*

In jedem Moment bieten sich unzählige Möglichkeiten. Die übersehen wir, wenn unser Fokus auf etwas Spezifischem oder immer in der Zukunft liegt. Die Vergangenheit ist bereits vorbei, die Zukunft noch nicht da, warum sich gedanklich also nicht einfach in der Gegenwart aufhalten? Was sich aber erst mal in unseren Kopf gesetzt hat, kann ganz schön hartnäckig sein. Das kennst bestimmt auch du. Man kann verstehen, dass viele Menschen Begriffe wie Achtsamkeit oder Loslassen nicht mehr hören können. Die Wörter an sich können nichts dafür, sie sind einfach überstrapaziert worden.

Vielleicht sind Versprechen wie »Achtsamkeit verändert das Leben« im Sande verlaufen. Man hat sich bemüht, aber irgendwie wollte es nicht klappen. Achtsamer mit Vorstellungen und Wünschen umzugehen, ist eine Königsdisziplin, denn solange man noch Zielen hinterherjagt, halten sie uns gefangen. Es ist nicht falsch, ein Ziel zu verfolgen, die Absicht dahinter sollte jedoch überprüft werden.
Fragen wir uns: Kommt es aus dem Herzen oder aus dem Kopf? Was erwarte ich? Was verändert sich, wenn das Ziel erreicht wurde? Dient das Ziel meinem Ego und meinem Konto oder dient es auch anderen Menschen? Es gibt so viele Fragen, die man sich unbedingt stellen sollte, bevor man ans Werk der Verwirklichung geht.

*Erfüllt ein Wunsch nur selbstbezogene Kriterien, dann sollten wir ihn nicht loslassen, sondern uns davon befreien.*

Der Unterscheid ist Folgender: Beim Loslassen bemühen wir uns darum, etwas aus unserem Leben zu verabschieden, etwas aus dem Kopf zu verscheuchen. Befreiung ist kein willentlicher Vorgang, sie geschieht ganz von selbst, wenn wir die Einsicht erlangt haben, dass wir auf Irrwegen unterwegs waren und unsere Motivation nicht mit dem Fluss des Lebens übereinstimmt. Dazu braucht es Mut, denn man muss ja als Erstes die Bereitschaft zeigen, hinzuschauen. Dann braucht es Ausdauer und Geduld, um seine Absichten immer wieder zu überprüfen und sich selbst zu erforschen. Es bedarf also einer gewissen Reife und der Bereitschaft, etwas tiefer zu gehen, um die Lebenspfade von einem neutralen Standpunkt aus zu betrachten.

*Zentrieren wir uns und legen wir unsere Aufmerksamkeit stets auf den Augenblick. Wenn ich diesen vollumfänglich erfülle, kommen keine Wünsche auf, denn sie existieren außerhalb des Jetzt, dort wo Schmerz und Leid angesiedelt sind.*

**Wünsche binden uns an die Materie. Das Ziel aber ist es, frei zu sein!**

## Meine Gedanken dazu:

# ICH BIN ...

Glaube an dich. Vertraue dir. Nimm dich selbst als vollkommen wahr. Du bist der, der du bist und so bist du gut! Mehr als gut genug und absolut okay. Wir sind nicht perfekt, aber perfekt kann auch ganz schön langweilig sein. Wir alle haben unsere Ecken und Kanten, ist das nicht wundervoll?

Wer sich selbst genau so annehmen kann, wie er ist, ist ein glücklicher Mensch. Ecken muss man nicht bemängeln oder geradebiegen, sie sind dein Charakter. Jeder Mensch hat einen anderen und jeder ist in Ordnung. Wer an sich selbst glaubt, glaubt an die Liebe und entdeckt diese in sich. Wer mit sich im Reinen ist, ist zu allem fähig. Er kann Dinge tun, die er einst für unmöglich gehalten hat. Der Glaube an uns selbst beflügelt uns, Unmögliches möglich zu machen und Schwierigkeiten frei von Angst auf Augenhöhe zu begegnen.

Wie können wir den Glauben an uns wiederbeleben und stärken, wenn er verloren gegangen ist oder auf wackeligen Beinen steht? Es gibt eine Vielfalt an Möglichkeiten, die wir anwenden können. Aber auch Dinge nicht zu tun, kann den Glauben entfachen. Ich kann nur sagen, dass sich der Glaube an mich bereits in frühen Jahren entwickelt hat. Es war eine Art innere Überzeugung, die durch äußere Erfahrungen nach und nach gestärkt wurde. Wer an sich selbst zweifelt, soll unbedingt mein Geheimrezept ausprobieren, sich jeden Tag mit der Vollkommenheit und Schönheit der Natur auseinanderzusetzen. Das färbt ab. Sie ist unser Spiegelbild, und solange wir das nicht erfahren haben, kann es schon sein, dass wir uns kleiner machen, als wir sind. Also nichts wie raus in die Natur.

*Ich verschreibe dir jeden Tag eine Portion Natur. Schau sie dir an, fühle und spüre sie, atme sie ein und rieche all diese Düfte, die dich umgeben.*

Lass dich von Insekten verzaubern und von Vögeln beflügeln. Wer außer ihnen könnte ein besserer Lehrer sein? Die besten Lehrstunden sind sicher nicht die, die wir in der Schule verbringen. Bei mir hat es auch eine Weile gedauert, bis ich mich Mutter Natur geöffnet habe. Nicht, weil ich auf der langen Leitung stand, sondern weil ich nie die Zeit hatte, nach draußen zu gehen. Zugegeben, Zeit hat man immer, aber meine Prioritäten lagen woanders. Das eigene Seelenwohl wurde beiseitegeschoben, weil mir meine Arbeit wichtiger war. Natürlich empfand ich das nicht so, da ich in dem, was ich tat, vollkommen aufging und meine Tätigkeit liebte. Ich dachte, es wäre meine Aufgabe, all meine Erfahrungen und Einsichten mit anderen zu teilen, damit es ihnen gut geht. Damit ging es mir solange gut, bis ich durch den Ruf der Natur darauf aufmerksam gemacht wurde, dass es noch ein tieferes Wohlfühlrezept als Wissen gibt, das nicht nur das äußere Leben betrifft, sondern sich automatisch und ganz von selbst heilsam auf das Innenleben auswirkt. Und als ich diesem Ruf folgte und durch die Kraft der Natur plötzlich ganz in mir angekommen war, harmonisierte sich das Leben ganz von selbst und lief ganz geschmeidig in neuen Bahnen.

*In der Natur müssen wir nichts tun, wir müssen ihr nicht gefallen, wir brauchen nichts zu lernen oder zu üben. Sie kritisiert uns nicht und verweist auf die Hingabe, die ihr wesentlicher Charakterzug ist.*

Wir müssen wissen, dass uns die Beschaffenheit der Natur sehr ähnlich ist. Gehe dieser Aussage auf den Grund und wage das Abenteuer, dir in Bergen, Bäumen und Blumen selbst zu begegnen. Erkenne, was sie dir zeigen, vorleben und zu sagen haben. Es ist ein großes Abenteuer, für das man nie zu alt oder zu jung sein kann.

*Die Natur empfängt jeden mit offenen Armen. Allein das sollte uns ein Wegweiser sein.*

Wir wollen uns ständig verbessern. Wonach streben wir eigentlich? Warum sind wir nicht bereit, unsere Schwächen zu akzeptieren? Um anderen zu gefallen? Um einer Vorstellung zu entsprechen? Anderen gerecht zu werden, ist eine ungesunde Absicht. Das tut uns nicht gut. Warum sich ständig verstellen? Sei authentisch und klar. Authentizität darf gelebt werden. Wer sich verbiegt, um bei anderen gut rüberzukommen, wird darunter leiden. Das bedarf jeder Menge Energie und schwächt uns. Wer solchen Zielen hinterherjagt, versäumt den Augenblick.

*Im Augenblick liegt die Erfüllung, sonst nirgends.*

Der Unsichere und Beeinflusste vergisst, seine lichten Seiten zu sehen, wenn er nur auf die Schattenseiten blickt. Doch Schattenseiten haben durchaus etwas Gutes. An ihnen können wir wachsen, und wenn wir uns ständig darum bemühen, jeden Tag zu unserem besten zu machen, ist das weit mehr, als wir tun können. Wir alle sind ängstlich gewesen, auch fühlen wir uns schnell verletzt. Versuche nicht, dir etwas zu beweisen oder eine Bestätigung zu bekommen. Besinne dich auf dein Bewusstsein, auf deinen Ursprung, auf deine eigentliche Identität. Freude ist ein guter Wegbegleiter, wenn es darum geht, sich dem Leben und sich selbst gegenüber zu öffnen. Du hast so viel zu geben, halte dich nicht zurück. Beschenke dich, dann beschenkst du die Welt und alle Lebewesen, die in ihr leben. Schenke dir selbst Anerkennung und mach dir jeden Tag bewusst, wie großartig du bist.

Verschaffe dir ein positives Selbstbild. Dazu braucht es lediglich einen Stift und die Muße, dir das Gute von der Seele zu schreiben. Das ist gar nicht so einfach, da wir uns leichter darin tun, das Negative zu betrachten. Schreib nieder, was du toll an dir findest und verzichte bewusst darauf, hervorzukehren, was du nicht an dir magst. Was findest du an dir selbst schön? Was gefällt anderen an dir? Du wirst staunen, wie viel dir dazu einfällt, wenn du dich nur traust, deine Einzigartigkeit und Schönheit in Worte zu kleiden. Zögerst du noch?

Jetzt ist der richtige Zeitpunkt, mit Komplimenten richtig auf den Putz zu hauen. Los geht's! Und wenn du dich einmal nicht so toll findest und fühlst, vergiss nicht, das Büchlein hervorzuholen, um nachzulesen, was der Seele guttut.

Heute ist mir Folgendes besonders gut gelungen:

_____

_____

_____

Heute habe ich _____ eine Freude bereitet.
Ich habe allen Grund, fröhlich zu sein, weil ich

_____

_____

_____

Aus folgendem Grund bin ich stolz auf mich:

_____

_____

_____

Was ich an mir mag:

- 
- 
- 
- 
- 

Was andere an mir schätzen:

- 
- 
- 
- 
-

# NACHKLANG

## Lebensfreude

Der Mann, der mit 39 Jahren einen Schlaganfall erlitten hatte, hatte gerade seinen Doktor in Physik gemacht und stand kurz vor der Professur. Der heute 66-Jährige kann kaum sprechen, nichts ohne fremde Hilfe bewerkstelligen und doch sagt er: »Ich sehe den Schlaganfall als Bereicherung, da er mir doch eine ganz andere Sichtweise ermöglicht. Trotz meiner vielen Einschränkungen sehe ich jeden Tag als ein Geschenk.« Er scherzt und fährt fort: »An schlechten Tagen ist das Geschenk halt nicht so gut gewesen.« Sein Humor und sein Lachen berühren mich. Mein Gott! Wo nimmt dieser Mann diese Kraft her, fragte ich mich, als ich mir dieses Video ansah, dessen Link mir mein Sohn geschickt hatte. Der Mann hat das Lock-in-Syndrom. Dabei gehen alle körperlichen Fähigkeiten verloren, der Verstand bleibt klar erhalten. Man lebt sozusagen in sich eingeschlossen und ist auf fremde Hilfe angewiesen. Ein lebenswertes Leben trotz Behinderung! Dieser Humor, diese Lebenslust und dieser unbeugsame Lebenswille scheinen der Schlüssel dafür zu sein. »Lebensglück hat nichts mit den körperlichen Einschränkungen zu tun. Man muss seine Ziele neu definieren, damit sie dem körperlichen Zustand entsprechen«, höre ich ihn noch sagen und habe tiefen Respekt vor dieser Person.

Wenn jemand sein Leid beklagt, empfehle ich, sich dieses Interview anzusehen. Plötzlich ist das, was einen stört, gar nicht mehr schlimm oder gleich wie weggefegt.

Sei dankbar! Biete deinem Körper ab und an mal etwas anderes als Alltag und sei einfach zufrieden, mit dem, was du hast. Denk stets an die, die sich in einer wesentlich schlechteren Lebenssituation befinden, an die wirklich Kranken und an die von der Gesellschaft in Stich Gelassenen. Das bedeutet nicht, dass das, was dich beschäftigt, nicht wichtig ist, aber sich selbst weniger wichtig zu nehmen und die anderen in den Mittelpunkt zu stellen, ist eine Tugend, die rundum zufrieden macht.

Wie sich der Mensch von innen her heilen kann, das haben wir in diesem Buch erfahren. Das Wunder in dir kann jederzeit zum Vorschein kommen, du musst es nur zulassen. Man muss es nicht nur wollen, sondern sich dafür öffnen. Empfangen ist eine innere Haltung und ebendiese ist es, die dir alles ermöglicht. Heilung geschieht durch uns und rührt nicht von außen her. Heilung ist kein willentlicher Vorgang, sondern ein natürliches Ereignis, das von sich heraus geschieht. Die Gedanken und Gefühle im Zaum zu halten, fürsorglich, verantwortungsvoll und sorgsam zu handeln und stets die richtigen Worte zu finden, ist ein gutes Rezept, um einen Lebenskuchen zu backen, der nicht nur dir schmeckt, sondern für alle genießbar ist. Jeder sollte ein Stück davon abbekommen, keiner mehr, keiner weniger. Alle Lebewesen leben in einem großen Ganzen und haben das Recht, glücklich zu sein.

*Wer andere verletzt, verletzt sich in erster Linie selbst.*

Es gilt, die Natürlichkeit des Menschseins neu zu entdecken und diese Aufgabe sollte zum Lebensinhalt werden. Nutze die Zeit! Sie ist kostbar. Schaff Ordnung, aber lass dich nicht schaffen. Bereinige die Unordnung in deinem Leben. Sie ist überall und vor allem als Gedanken und Worte verkleidet viel zu häufig anzutreffen. Deine Worte sollten niemanden treffen, sondern aufbauen, begleiten und tragen. Sei liebevoll zu dir selbst, zu deinem Leben und den Mitgeschöpfen. Ich möchte dir am Ende dieses Büchleins noch etwas Lebensfreude und Gelassenheit mit auf den Weg geben. Finde sie nicht einfach nur schön, lass dich davon inspirieren und anstecken, sei ein Vorbild für die Welt!

## Gelassenheit (frei nach einer Überlieferung)

»Bald müssen wir in den Stall«, sagte die braungraue alte Stute zu ihren Gefährtinnen, als sie am Spätnachmittag auf der Koppel standen. Die anderen Pferde hoben den Kopf und sahen sich verwundert an. Die alte Stute sprach selten, sie war weise und ruhte meistens in sich gekehrt. »Ich habe noch einiges zu tun!«, fuhr die alte Stute fort. »Eigentlich will ich noch bleiben, da ich noch nicht alle Insekten begrüßt und meine Gedanken noch nicht zu Ende gebracht habe.« Wieder schauten sich alle Pferde fragend an und schüttelten ihre langen Mähnen.

Es war still und keiner wagte etwas zu sagen. Die älteste Stute sprach man nicht einfach so an. Da rutschte es dem kleinen schwarzen Fohlen unbedacht heraus: »Was musst du denn noch zu Ende denken?« Während die anderen Pferde das kleine Tier vorwurfsvoll ansahen und ihm seine Mutter mit ihrem Maul einen leichten Stups versetzte, sah es die alte Stute voller Neugier erwartungsvoll an. Die alte Stute hob den Kopf, sah das kleine Fohlen liebevoll und eindringlich an und ließ ihren Blick durch die Runde schweifen.

»Das ist eine gute Frage!«, antwortete sie. »Meine Gedanken sind so vielfältig wie das Gras, auf dem wir weiden. Heute habe ich mich über die Wolken, die Sonne und den herrlichen Ausblick ins Tal gefreut und mir über diese Koppel Gedanken gemacht. Ich dachte bei mir, dass ich es einfach nur schön habe, an so einem schönen Ort verweilen zu können. Die Wolken haben mich abgekühlt und die Sonne hat mich anschließend gewärmt.« Zufrieden blickte sie in die Runde. Da erwiderte die Mutter des kleinen schwarzen Fohlens mutig: »An solch schöne Dinge zu denken, ist leicht. Was aber, wenn es unschöne Dinge sind, die dir widerfahren?« Die alte Stute reagierte nicht, sie graste unbeirrt weiter und genoss die saftigen Kräuter.

Die Mutter des schwarzen Fohlens war sich nicht sicher, ob ihre Frage bei der alten Stute angekommen war. Alle erwarteten eine weise Antwort und waren gespannt, was sie wohl erwidern würde. Nach einer Weile hob die alte Stute den Kopf und sprach: »Es gibt in jedem Leben so viele unerfreuliche und schmerzliche Dinge. Ich stelle mir vor, dass alles, was mir nicht behagt, ein Grashalm ist. Den zupfe ich bedacht und voller Sorgfalt von der Wiese, zermalme ihn in meinem Maul und dann lass ich ihn in den Magen gleiten. Dort wird jeder Einzelne von ihnen von Verdauungssäften zersetzt und das, was übrig bleibt, kann mich mal.« Erstaunt wandten sich alle Köpfe der alten Stute zu. Mit dieser Antwort hatte keiner gerechnet.

»Kann mich mal?«, wiederholte das schwarze Fohlen. Die Stute drehte den Kopf seitwärts, blickte nach hinten, hob den Schwanz und einige Pferdeäpfel polterten zu Boden.

*Du bist ein Tempel Gottes, einer von vielen. Geh auch du den Weg der Selbstbefreiung und heile dich selbst!*

In diesem Sinne, herzlichst, dein Kurt Tepperwein

# ÜBER DEN AUTOR

Kurt Tepperwein, 1932 in Lobenstein geboren, widmete sich nach langjähriger Unternehmensberater- und Heilpraktikertätigkeit voll und ganz dem Mysterium Leben.

Er studierte Kulturen und Philosophien auf verschiedenen Kontinenten und an den unterschiedlichsten Orten der Welt.

Als Bewusstseinsforscher, Seminarleiter und Autor unzähliger Werke sieht er seine Aufgabe

darin, das allumfassende Wissen sowie seine wertvollen Erkenntnisse mit spirituell Interessierten und nach dem Lebenssinn suchenden Menschen zu teilen.

Seine Fähigkeit, Menschen zu begeistern und zu faszinieren, hat er sich nicht angeeignet oder angelernt, sie basiert auf eigenen Erfahrungen. Seine Authentizität und Hingabe an das Lebensthema Nr. 1, »Zufriedenheit und Erfüllung im Alltag zu erfahren«, transportieren das Wesentliche und begeistern.

Kurt Tepperwein versteht es wie kaum ein anderer, die materielle und geistige Sicht der Dinge zu vereinen und sie in einer harmonischen

Ganzheit zu betrachten. Ergänzend zu mehr als 80 Büchern, unzähligen DVDs und Audio-CD-Aufnahmen erreichen seine beliebten Kompakt-Ausbildungslehrgänge (z. B. Lebens-, Intuitions-, Mental- oder Kausal-Berater, Coach und Trainer) nicht nur Topmanager und Spitzensportler, er spricht mit seinem natürlichen und lebensbejahenden Wesen jeder Alters- und Berufsgruppe aus dem Herzen.

# KURT TEPPERWEIN

## Ihr Ansprechpartner
## für alle Lebensbereiche!

- Tepperwein-Heimlehrgänge
- Tepperwein-Kompaktlehrgänge
- Tepperwein-Ausbildungen
- Bücher
- CDs und DVDs
- Geschenkartikel
- Gesundheitsboutique

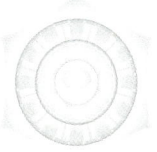

**"Unsere Herzens-Aufgabe**
**ist die Bewusstseinsentfaltung."**

www.iadw.com

Internationale Akademie der Wissenschaften Anstalt
Postfach 1628, FL-9490 Vaduz
Tel: +423 233 12 12 / Fax: +423 233 12 14
E-Mail: go@iadw.com

Kurt Tepperwein

## Ein neuer Mensch in einem Tag

Der Erfolgsautor und Lebensverwandlungsprofi Kurt Tepperwein enthüllt uns eine schnelle und einfache Methode, um zu werden, wer wir schon immer sein wollten – mit einem sicheren Auftreten, Leichtigkeit und einer faszinierenden Strahlkraft, die uns und unser Leben in eine völlig neue Richtung katapultieren werden, an Orte, von denen wir schon immer geträumt haben.

Eine ganze Reihe praktischer Tipps machen uns Schritt für Schritt zum Gewinner und zeigen uns, wie wir durch ein paar simple Änderungen das Maximum aus uns selbst herausholen können!

144 Seiten, broschiert · ISBN 978-3-96933-067-8 · € [D] 12,00

Kurt Tepperwein

## Mentales Augentraining
*Wege zum besseren Sehen*

Kurt Tepperwein öffnet seinen Lesern wortwörtlich die Augen, wenn es darum geht zu verstehen, warum wir Sehschwächen und -krankheiten haben und was wir alles sehen könnten, mithilfe einiger Methoden, die nicht nur unsere Augen, sondern auch unsere Seelen heilen.

Mit diesem Augentraining können wir zu einem bewussteren und klareren Blick in die Welt und auf unser Leben gelangen – denn unser Bewusstsein und die Sehschärfe unserer Augen bedingen sich gegenseitig.

Eine außergewöhnliche Methode, die Ihre Sehfähigkeit steigern und Ihnen einen schärferen Einblick in Ihre eigene Persönlichkeit geben wird.

128 Seiten, broschiert · ISBN 978-3-96933-069-2 · € [D] 15,00

Kurt Tepperwein

## Selbstbewusstes Selbstvertrauen

Warum gibt es Menschen, die voller Selbstvertrauen sind, und solche, die zögerlich und zurückhaltend sind? Warum gibt es erfolgreiche und reiche oder eben auch welche, die immer noch auf der Suche sind und ihr Leben irgendwie nicht auf die Reihe bekommen?

Kurt Tepperwein zeigt uns, warum dies so ist und wie JEDER erfolgreich werden kann, unangestrengt und garantiert. Jeder kann eine strahlende Persönlichkeit erlangen und Ruhe, Gelassenheit und Fröhlichkeit ausstrahlen.

In unserem Selbstsein sind wir alle perfekt, hier erfährst du, wie es funktioniert.

160 Seiten, 2-farbig, broschiert · ISBN 978-3-96933-039-5 · € [D] 14,00

Kurt Tepperwein

## 365 Impulse für die Liebe

Für ein wirklich erfülltes Leben in Liebe.

Täglich ein positiver Impuls, der dich durch ein erfolgreiches Liebesjahr begleitet und jeden Tag liebens- und lebenswerter macht.

Wundervolle Inspirationen, um deine (Liebes-)Beziehungen erfüllter und bewusster zu gestalten.

Für Verliebte, für Liebende und für jeden, der es sein möchte.

376 Seiten, durchgehend farbig gestaltet, broschiert · ISBN 978-3-96933-020-3 € [D] 16,00

Theo Fischer

## WuWei – Lebenskunst des Tao

*Nichts tun und alles erreichen*

Wer sich der jahrtausendealten Weisheit des Tao öffnet, wird erfahren, dass es sich mit ihr unbeschreiblich leicht lebt.

Theo Fischer zeigt, wie man lernen kann, in der Gegenwart zu leben und das Leben zu genießen. Er begleitet uns auf dem Weg des Tao, der uns zeigt, dass wir das Leben annehmen sollen, so wie es ist, wie man aus seiner Mitte heraus durch Geschehenlassen handeln kann und dadurch frei von Sorgen und Gedanken um das Morgen wird. Wer aufhört, gegen seine innere Kraft zu kämpfen, der erfährt, wie schön und voller Freude unser Dasein von seiner ursprünglichen Bestimmung her sein kann.

160 Seiten, durchgehend farbig, gebunden · ISBN 978-3-89845-623-4 · € [D] 16,00

Jan Geurtz

## Süchtig nach Liebe

*Ein Weg zu Selbstakzeptanz und Glück in Beziehungen*

Die Suche nach Liebe und Anerkennung entsteht durch Selbstablehnung, die wir durch Wertschätzung anderer und eine erfolgreiche Liebesbeziehung kompensieren. Doch das Gegenteil tritt ein: Unsicherheit und Abhängigkeit machen uns süchtig nach Liebe, Anerkennung und der Sicherheit einer Beziehung. Darum scheitern die meisten Beziehungen und verkümmern zu einem Zusammensein ohne Wachstum und Glück.

Wandeln Sie Ihr Bedürfnis nach Liebe und Anerkennung um in ein bedingungsloses und dauerhaftes Glück.

272 Seiten, broschiert · ISBN 978-3-96933-056-2 € [D] 22,00

Franziska Krattinger

### Die Kraft der 144 Schalt- und Machtworte

Es ist schwer, eingefahrene Wege zu verlassen und wirklich etwas in seinem Leben zu verändern.

Die 144 wirkungsvollen Karten mit Schalt- und Machtworten helfen dabei, denn sie erwecken die uns innerwohnende positive Macht zur selbstbestimmten Veränderung von Situationen und Vorhaben. Eines dieser Worte genügt bereits, um einen unterbrochenen energetischen Fluss wieder zum Laufen zu bringen und so alles zum Besten zu lenken!

Schalten auch Sie einfach um – und beobachten Sie die positiven Veränderungen in Ihrem täglichen Leben. Sie haben WIRKLICH die Macht dazu!

144 Karten mit Kurzanleitung, inkl. Miniposter, in Box · EAN 4260075280-28-8 · € [D] 25,00

Horst Oberle

### Das große Buch der Klangschalen
*Die Kraft der Singing Bowls*
*Geschichte · Herstellung · Auswahl ·*
*Klangmassage · Meditation*

Neben der Vorstellung verschiedener Klangschalenvarianten und -übungen bietet dieses Praxisbuch einen Überblick über ihre Geschichte, Herstellung und Pflege und lehrt eine individuelle und intuitive Anwendung.

Schenken Sie Ihrem Leben wieder Harmonie. Klangschalen bringen unser Körperwasser in harmonische Schwingungen, lösen Verspannungen, aktivieren Selbstheilungskräfte und lassen uns tiefenentspannen.

Bringen Sie Ihr Leben in Klang und ihre Seele zum Schwingen!

192 Seiten, durchgehend farbig gestaltet, Flexocover · ISBN 978-3-89845-657-9 · € [D] 32,00

Céline Anaya Gautier

## Santiago de Compostela
*Auf dem Jakobsweg zu dir selbst*

Jeder Schritt, Augenblick, Landschaft und gemeinsame Moment, den die Autorin auf dem Jakobsweg eingefangen hat, zeichnet den physischen und spirituellen Weg Tausender Pilger nach, die auf der Suche nach sich selbst sind. Ein verschlungener und schwieriger, aber so wunderbarer Weg.

Diese 70 Karten, inspiriert von den Pilgerreisen der Autorin, begleiten dich auf deiner eigenen inneren Initiationsreise.

Eine zutiefst spirituelle Erfahrung und Selbstbeobachtung.

70 Karten, mit Begleitheft, 48 Seiten, in Box · ISBN 978-3-96933-042-5 · € [D] 28,00

Melani B

## Wortinspirationen für neue Blickwinkel
*Tagesimpulse, um ins Tun zu kommen*

Erlebe dich neu!

Lass dich durch die bunte Vielfalt der Wortinspirationen berühren.

Durch eigene Eintragungen unter den Impulsen hast du die wundervolle Möglichkeit, Anregungen, neue Sichtweisen und Ideen sowie einen klaren Blick für eigenes Erfühlen, Erkennen und Handeln zu gewinnen. Eine spannende Reise zu dir selbst beginnt.

Denn die beste Zeit ist immer jetzt.

Neue Blickwinkel lohnen sich immer!

144 Seiten, 2-farbig, broschiert · ISBN 978-3-89845-667-8 · € [D] 10,00

**Weiterführende Informationen** zu
Büchern, Autoren und den Aktivitäten
des Silberschnur Verlages erhalten Sie unter:
www.silberschnur.de

Natürlich können Sie uns auch gerne den
Antwort-Coupon aus dem beiliegenden
Lesezeichenflyer zusenden.

Ihr Interesse wird belohnt!

# NOTIZEN